新・ふしぎな言葉の学
日本語学と言語学の接点を求めて

柿木重宜=著
Shigetaka Kakigi

ナカニシヤ出版

改訂にあたって

2000(平成 12)年に,拙著『ふしぎな言葉の学−日本語学と言語学の接点を求めて−』を上梓して,18 年の時が経った。刊行後,本書を,講義のテキストとして採用したいのだが,どのように使用すればよいのかという質問を頂いた。言語学と日本語学の概論書とはいえ,かなり専門的な内容も含んでおり,今回は,この点に考慮して,各章に問題を配することにした。さらに,些か専門的なテーマになるが,最終章に「『国語』の誕生とローマ字化運動」という新しい題目の内容を加えた。今後の日本語学史,言語学史において頗る重要な研究課題になると考えたからである。

なお,各章の問題であるが,基本的には論述形式にしており,「ことば」とは何かという様々な問題に対して,読者自らが色々な関係資料を調べ,考えてもらえるように工夫をした。単なる一問一答形式の問題ではなく,あくまで読者の皆さんが,論文や文献を利用しながら,「ことば」の本質について深く考える問題になるよう終始したのである。

本書を刊行した後,第 7 章「日本語の系統論−日本語はどこから来たのか−」で掲出した稀代の言語学者藤岡勝二の言語思想について,強い関心を抱くようになった。筆者自身は,元々アルタイ言語学を専攻しており,一橋大学大学院博士後期課程では,社会言語学者田中克彦先生にご指導を頂き,研究テーマの射程が社会言語学へと広がった。その後,近代「国語」の成立に深く関わった藤岡勝二の言語思想について本格的に取り組むようになったのである。藤岡勝二は,東京帝国大学文科大学言語学科の教授を長らく務めたが,

その専門は，アルタイ諸語の文献研究にとどまらず，国語国字問題，サンスクリット学等，多岐にわたる分野を研究テーマとしており，黎明期の近代「国語」の成立にも，深く携わっていた。私事で恐縮であるが，この研究成果については，筆者の博士論文『近代「国語」の成立における藤岡勝二の果した役割について』（ナカニシヤ出版，2013）で詳細に論じた。さらに，藤岡は，今後の社会言語学にとっても重要な研究テーマになるローマ字化運動の理論の構築と実践にも積極的に参加していた。上記の点については，拙著『日本における近代「言語学」成立事情Ⅰ－藤岡勝二の言語思想を中心として－』（ナカニシヤ出版，2017）においてもふれておいた。近代の言語学史，日本語学史に関心のある読者の方に，ぜひ本書と併読して頂ければ幸甚である。

　本書の改訂にあたって，筆者の意図を理解してくださったナカニシヤ出版の中西良社長，宍倉編集長，編集部の由浅氏，営業部の面高氏には，多大なるご尽力を頂いた。ここに衷心より謝意を申し上げたい。そして，長らく本書を読んでくださった皆様方に改めて感謝の意を表するとともに，新しく生まれ変わった本書に対する読者諸賢のご叱正を賜ることを願い，まずは，ここで筆を擱くことにしたい。

2018 年 11 月 20 日

　　　　　　　　　　　　　　湖都　大津にて　　　　　著者

序　文

　私たちは，日常生活のなかで，自らの母語（時には，母国語）を特に意識することもなく用いているが，その言語構造を詳しく認識しているわけではない。しかし，誰しもが「言葉」を実に巧みに用い，お互いのコミュニケーションを円滑にとっている。ひとたび，「言葉」という存在に目を向けてみると，そこには，実に不思議な言語現象が起きていることに気づくはずである。本書では，様々な言語現象の具体例を掲げ，できる限り分かり易く，「言葉」の本質について説明するよう心がけることにした。しかしながら，筆者の浅学の才では，充分に表現し尽くせない個所も多数あったことかと思う。読者諸賢のご叱正を賜れることを，ひたすら願う次第である。

　現代の言語学は，様々な学問分野の領域の研究成果を取り入れながら，独自の発展を遂げている。とりわけ，隣接分野との関係の深い言語分野，すなわち，「社会言語学」「心理言語学」「言語人類学」などの研究成果の進捗状況には，目を見張るものがある。19世紀の「歴史言語学」という祖語の再建を目的とした比較言語学の研究から，20世紀の近代言語学，すなわち，F. de ソシュールの「共時言語学」を基にした構造主義言語学へと，言語学の潮流は大いなる転換をみせる。が，このような「人間不在」の言語学が，あらためて「言葉」と「社会」という存在を喚起させることになるのである。1960年代の「社会言語学」（Sociolinguistics）の成立は，そのような状況下で，生まれた新進気鋭の学問である。その後，現代に至るまで，言語学の分野は，多岐にわたり，複雑な様相を呈してい

く。なお，本書では，欧米を中心とした言語学の研究が，日本語学の分野にどのような影響を及ぼしたかという問題にも言及することにした。副題には－日本語学と言語学の接点を求めて－という言葉を添えたが，日本語学と言語学の関連性を検討してみると，きわめて興味深い現象がみられる。日本語学という学問分野（本来なら国語学との相違点についても，考察すべきであろうが，この問題については別稿に譲ることにする）が，どのような発展を遂げていくのか，予想だにできないが，今後も，その研究動向についてみていきたいと考えている。

なお，本書の第7章は，次の論文に，加筆と修正を施すことによって，成立していることを，断っておきたい。

日本語とアルタイ諸語の類縁性について
－とりわけ日本語の［i］の再構を巡って－
滋賀女子短期大学研究紀要，25，127～137頁　2000。

本書は，日本語学の概説書的な性格ももっているが，日本語学や言語学に関する用語をすべて網羅し，説明しているわけではない。特に，言語学の重要な分野である意味論については，ほとんど言及することはできなかった。今後は，この言語分野についても，詳しく論考していきたいと考えている。

ところで，これから言語学の研究を本格的に目指そうとする人のために，ぜひ，次の三冊の著書を一読されることをお薦めしたい。先述したように，現在，言語学という学問分野は，様々な学際領域の研究成果の影響をうけ，多様なる展開をみせ始めている。そのような複雑な言語の状況下にあっても，次に掲げる論著は，古典的な著書とはいえ，わたしたちに「言葉」の本質とは何かを考えさせてくれる。

H. パウル（1880）『言語史原理』講談社学術文庫
F. de ソシュール（1916）『一般言語学講義』岩波書店
L. ブルームフィールド（1933）『言語』大修館書店

　最後になるが，本書の出版の意義を理解してくださった，ナカニシヤ出版の中西健夫社長と宍倉由高編集長に，深い謝意を表したいと思う。そして，読者の方々が，本書を通して，少しでも，日本語学や言語学に興味をもって頂ければ，筆者としても望外の幸せである。

2000 年 5 月 5 日

　　　　　　　　　　　　　湖都　大津にて　　　　著者

目　次

改訂にあたって　*i*
序　文　*iii*

1. **音声と音韻** ··· 1
   1.1　音声と音韻の違いについて　1
   1.2　同化（assimilation）　3
   1.3　音声と文字について　6
   　1.3.1　ヘボン式（標準式）ローマ字表記法　6
   　1.3.2　五十音図における文字と音の関係について　10
   1.4　高低アクセント（pitch accent）と強弱アクセント（stress accent）　15

2. **語　　彙** ··· 19
   2.1　合成語における変音現象について　19
   　2.1.1　連　濁　19
   　2.1.2　連　声　24
   　2.1.3　音韻添加　25
   2.2　語彙の分類について　28
   　2.2.1　和　語　28
   　2.2.2　漢　語　30
   　2.2.3　外来語　32
   　2.2.4　混種語　40
   2.3　位相語　40
   　2.3.1　男ことば・女ことば　41

  2.3.2 幼児ことば 43
  2.3.3 武者詞 43
  2.3.4 女房詞 44
  2.3.5 遊女詞・廓詞 44
  2.3.6 忌言葉 45

3. 文　　法 … 47
 3.1 日本語の文法について 47
 3.2 アスペクトについて 51
 3.3 SOV型言語 52
 3.4 言語類型論について－とりわけ日本語の膠着性を巡って－ 54

4. 文　　字 … 63
 4.1 日本語の文字について 63
  4.1.1 六　　書 65
 4.2 文字言語と音声言語について 68
 4.3 文字の秘儀性 75

5. 言葉と社会 … 79
 5.1 社会言語学について 79
 5.2 地域的変種について 85
 5.3 上下関係と連帯意識－とりわけ二人称代名詞について－ 88
 5.4 言語変化について 90
  5.4.1 欧米における言語変化の研究について 90
  5.4.2 日本における言語変化の研究について 94

6. 幼児の言葉の獲得について … 99
 6.1 言葉を獲得するメカニズムについて 99
 6.2 生　得　説 100

   6.3 「生産性」(productivity) とはなにか　102

7. 日本語の系統論 – 日本語はどこから来たのか – …………　105
   7.1 代表的な系統論説について　105
   7.2 日本語とアルタイ諸語の関係　110

8. 日本語学と言語学　……………………………………………　121
   8.1 言語学（Linguistics）とは　121
   8.2 日本語学における言語学の受容について　134

9. 「国語」の誕生とローマ字化運動　……………………………　143
   9.1 「国語」の誕生　143
      9.1.1 近代「国語」の黎明期とローマ字教育の状況　145
   9.2 国語国字運動の潮流　149
      9.2.1 仮名文字論の潮流　151
      9.2.2 ローマ字論の潮流　152
      9.2.3 言語学的観点からみた仮名文字論とローマ字論について　156
   9.3 藤岡勝二著『國語研究法』におけるローマ字に関する言説　160
      9.3.1 標準語について　161
      9.3.2 仮名文字とローマ字の共通点　161
      9.3.3 ローマ字教育の理論と実践 – 専門教育と普通教育 – 　162

註　165
引用文献　169
事項索引　173
人名索引　177

1. 音声と音韻

1.1 音声と音韻の違いについて

　日頃，私たちは，日常生活の中で「言葉」を特に意識することもなく用いているため，日本語を母語としている人なら，誰しもが日本語の音声について理解しているつもりでいる。しかし，実際は，ある言語を母語として用いているがゆえ，その言語の音声構造を完全に理解できないものなのである。

　ここでは，まず日本語の「ん」という文字の発音を例にとり，日本語の音声について考えてみたい。次に掲げる三つの単語の発音は，仮名文字ではすべて同じであるが，音声記号の表記はそれぞれ異なっている。

　　電波　でんぱ　　[dempa]
　　短大　たんだい　[tandai]
　　漫画　まんが　　[maŋga]

　上記の三つの例から，「ん」という音声には，[m]，[n]，[ŋ] という三つのヴァリエーションが現れることが分かる。この例は，実際に自分で声に出して，発音してみると分かり易い。まず，[m] の発音であるが，「電波」と発音してみると，次項の [p] 音の前で上下の唇が閉じられていることが確認できる。正確には，この [m] の音価は，調音点と調音法の名をとって「両唇鼻音」と呼ばれている。次の [n] 音の場合であるが，これも「短大」と発音し

て，自分の舌の位置を確かめるとよい。先程の調音点と比べて，舌の位置が奥に移動し，ちょうど歯茎のあたりにきていることに気づくはずである。この [n] の音価も，調音点と調音法の名をとって，「歯茎鼻音」と呼ばれている。最後の「軟口蓋鼻音」の [ŋ] であるが，さらに舌の位置が，奥の軟口蓋に移動している。ここでいう軟口蓋とは，上口蓋の滑らかな部分を指している。この軟口蓋の位置については，次節に掲げる人間の調音器官の図を参考にして頂きたい。

　上述した語彙以外にも，次項にくる音価の調音点の違いによって，「ん」という文字の発音に，様々な音声のヴァリエーションが現れる。例えば，「本屋」「ほんや」という言葉の音声記号は，正確には [hoĩja] である。この場合の「ん」という文字の音価は，「鼻母音」という少し鼻にかかった音であるが，意識しないとなかなか気づくことはできない。「ん」の音声のヴァリエーションについては，上記の例だけにとどめることにするが，日本語を母語としている人にとって，日本語の実際の音声を内省することはきわめて難しいことが分かることと思う。

　ここで，「音声学」（phonetics）と「音韻論」（phonology）の違いについて若干の説明をしておきたい。音声学とは，物理的な音声を科学的に分析した学問分野であり，現在では，「調音音声学」（articulatory phonetics），「聴覚音声学」（auditory phonetics），「音響音声学」（acoustic phonetics）の三つの研究分野に分類されている。

　一方，音韻論は，音声の体系を重視した学問分野であり，その基本的な概念には，音素（phoneme），異音（allophone），相補的分布（complementary distribution）などの用語がある。音素の定義に関しては，構造主義言語学（structural linguistics）のプラーグ学派に属する N. S. トゥルベツコイ（Nikolaj Sergejevič Trubetzkoy 1890～1938）の著『音韻論の原理』（1939）に詳しいが，ここでは，音素

の定義を,「語の意味を弁別するのに必要となる最小の音的単位」としておく。具体的に諸例を使って説明すると,次のようになる。

まず,以下の四つの単語を比べてほしい。

　　[uma]「馬」　　　[umi]「海」
　　[umu]「有無」　　[ume]「梅」

上記の例の場合,語頭の [um] の基本的な部分は同じであるが,後項要素の母音交替によって,意味が異なっている。したがって,/a//i//u//e/ の音価は,日本語の音素として認めることができるということである。

「異音」とは,物理的な音声の違いはあっても,意味の違いが生じないような音の単位のことをいう。先述した「ん」という文字の場合には,後項要素の音価の違いによって,[m], [n], [ŋ] という三つの音声のヴァリエーションが現れたが,母語話者は,意味の違いが生じない限り,この音声の違いを意識することはない。

以上,音声と音韻の違いについて,諸例を用いて概観してみた。上記の「ん」という文字の場合,音声的には [m], [n], [ŋ],という三つの音のヴァリエーションが存在しているが,音韻的側面からみると,たった一つの音素 /N/ しか存在していないことになる。音韻論の用語の「相補的分布」とは,相異なる環境の中で,実際の音声が具現した現象のことを指すのだが,この場合も,同一の音素 /N/ が,後項要素の音声の差異(異なる音声環境)によって,それぞれ別の音声として現れている。

1.2　同化 (assimilation)

では,なぜこのような音声の違いが現れるのか,考えてみたい。ここでは,まず日本語の母音と子音の表を掲げることにする。

この表は,縦が「調音法」,横が「調音点」を表している。先述したように [m], [n], [ŋ] の名称も,この調音点と調音法の違いから,それぞれ「両唇鼻音」「歯茎鼻音」「軟口蓋鼻音」と呼ばれている。では,同一音素の /N/ の音声に,なぜ様々なヴァリエーションが現れるのか,考察してみたい。

表1 国際音声字母の表

[子音(肺気流)]

	両唇音	唇歯音	歯音	歯茎音	後部歯茎音	そり舌音	硬口蓋音	軟口蓋音	口蓋垂音	咽頭音	声門音
破裂音	p b			t d		ʈ ɖ	c ɟ	k g	q ɢ		ʔ
鼻音	m	ɱ		n		ɳ	ɲ	ŋ	ɴ		
ふるえ音	ʙ			r					ʀ		
弾き音				ɾ		ɽ					
摩擦音	ɸ β	f v	θ ð	s z	ʃ ʒ	ʂ ʐ	ç ʝ	x ɣ	χ ʁ	ħ ʕ	h ɦ
側面摩擦音				ɬ ɮ							
接近音		ʋ		ɹ		ɻ	j	ɰ			
側面接近音				l		ɭ	ʎ	ʟ			

(記号が対になっているところでは,右側の記号が有声音を表している。グレーの領域は不可能と判断された調音を示している。)

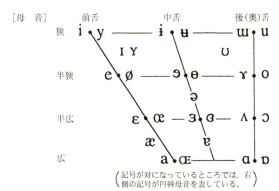

(記号が対になっているところでは,右側の記号が円唇母音を表している。)

玉村文郎編『日本語学を学ぶ人のために』より引用

なお,本文中では,「破裂音」の代わりに「閉鎖音」を用いた。

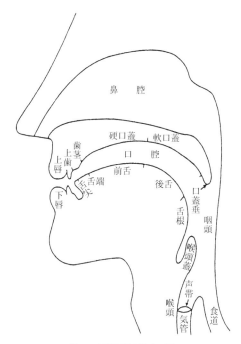

図1 人間の調音器官の図
玉村文郎編『日本語学を学ぶ人のために』より引用

　この言語現象の原因として，言語学の分野で用いられる同化（assimilation）という言語変化の現象をあげることができる。例えば，電波［dempa］の場合，鼻音の次項要素である子音が「両唇閉鎖音」の［p］であるため，鼻音の音声がその影響をうけ，同じ調音点である両唇音に変化したと考えられる。表1の子音の図からも分かるように，［p］も［m］も同じ縦の列に属している。特に，この場合，後項の音声要素が前項の音声要素に影響を与えているため，一般的に逆行同化（regressive assimilation）と呼ばれている。同様に，短大［tandai］の場合は，鼻音［n］も閉鎖音［d］も同じ歯茎

音の列に，まんが［maŋga］の場合も，鼻音［ŋ］も閉鎖音［g］も同じ軟口蓋の列にあることが，表1から確認できる。

なお，ここでは，文中で用いた調音点の位置を確認するために，図1で人間の調音器官の断面図を掲げることにした。先程述べた鼻音の音声であるが，この場合は，口蓋垂が下がり，空気が鼻腔を通過したために生じている。

1.3 音声と文字について

1.3.1 ヘボン式（標準式）ローマ字表記法

ここでは，ローマ字表記法と音声との関係について考えてみたい。日本の代表的なローマ字表記法には，昭和12年に「内閣訓令」として出された「訓令式ローマ字」と「ヘボン式ローマ字」が存在している。ヘボン式ローマ字は，文字通り J. C. ヘボン（James Curtis Hepburn 1815〜1911）が『和英語林集成』（1867）の中で用いた表記法からとられている[1]。一方，訓令式ローマ字は，元々は田中館愛橘（1856〜1952）が採用した方法であったが，昭和12年に文部省によって修正された表記法のことを指している。現在では，一般的に，ヘボン式（標準式）ローマ字表記法の方がよく用いられている。以下に，例としてサ行とタ行のヘボン式ローマ字表記法を掲げることにする。

    sa shi su se so   （サ行のヘボン式ローマ字表記法）
    ta chi tsu te to   （タ行のヘボン式ローマ字表記法）

筆者は，講義中にしばしば学生に「なぜ，サ行のい段の音だけが shi と綴られ，タ行のい段とう段の文字が，それぞれ chi, tsu と綴られるのか」と尋ねることにしている。しかし，ほとんどの学生がこの問いに対して，「単に暗記させられたからそう覚えている」と

いう答えしかできず，満足な理由を説明することができない。単に規則として決まっているのなら，次のように表記した方が合理的であることは明らかである。

 sa si su se so
 ta ti tu te to

　実際，訓令式ローマ字では，上記のような表記法がとられている。たしかに，この表記法の方が，一見すると規則的で体系的に記述されているかのようにみえる。では，なぜ，この訓令式ローマ字表記法に代わり，先に掲げたようなヘボン式ローマ字表記法の方がよく用いられるようになったのだろうか。この理由の一つには，ヘボン式ローマ字表記法のほうが訓令式ローマ字表記法より，はるかに現実の音声を反映しているからである。例えば，ヘボン式ローマ字表記法にみられる shi の文字は，音声学的には [ʃ]（より厳密にいうと，この音声はもう少し後の調音点にある [ɕ] であるが，ここでは一般的によく用いられる [ʃ] の方で代用しておくことにする）であり，日本語の「シ」の音に近い。一方，訓令式ローマ字表記法の si の文字は，「スィ」と読まれる可能性があり，現実の日本語の音声とは，異なる音声となってしまう。方言においては，この音価で表記した方が実際の音価に近い例もあるが，ここでは「地域的方言」による変種については考慮しないことにする。

　訓令式ローマ字とヘボン式ローマ字の違いは，実際に自分自身で発音してみても充分確認することが可能である。まず，自分で五十音図のサ行音「さ　し　す　せ　そ」と発音した後に，シャ行音の「シャ　シ　シュ　シェ　ショ」を発音してもらいたい。「シ」の音だけが，五十音図におけるサ行音い段の音と一致していることに気づくことであろう。

このように、サ行音のうち、い段の音だけが他の段の音と異なるために、ヘボン式ローマ字表記法も現実の音価に近い shi と表記されているのである。
　では、次に、タ行音について説明したい。上記のヘボン式ローマ字表記法をもう一度見てもらいたい。タ行音のい段とう段がそれぞれ chi と tsu と表記され、一見したところでは、まったく別の文字を用い、体系性を失っているかのように思える。しかし、この場合も、実際に五十音図のタ行音「た　ち　つ　て　と」とチャ行音を発音してみると、その違いをはっきりと認識することができる。チャ行音の [tʃa]「チャ　チ　チュ　チェ　チョ」と、タ行音が一致するのは、タ行音い段の音「ち」と「チ」の音だけである。したがって、現実の音価に近いヘボン式ローマ字表記法では、chi という文字が採用されているのである。一方、ツァ行音の [tsa]「ツァ　ツィ　ツゥ　ツェ　ツォ」（このカタカナ表記はきわめて発音しにくい音声であり、外来語表記以外には、実際に用いられることは稀であろう。ただし、ニーチェ（Friedrich Wilhelm Nietzshe 1844～1900）の『ツァラトゥストラはかく語りき』などの翻訳書では使われている）の音を比べると、ツァ行音のう段の音「ツゥ」とタ行音のう段「つ」の音が同じ音であることに気づくことができる。「言葉」というものは、日常生活の中で、特に意識して使うことはないため、このような微妙な音声の違いに気づくことは、まずありえない。このように、日本語を母語として用いているがゆえに、自らの母語である日本語の音声の細部に気づかないことは、考えてみると、実に不可思議なことである。母語話者は、自分自身の母語の音韻体系について何もかも理解しているつもりでいるが、実際にはまったくその逆の現象が起こっているのである。話者は、音声による意味の差異が生じない限り、言語学的にいえば、音声が「音素」としての機能を果たさない場合以外は、決してその音声を意識するこ

とはない。むしろ、この音声の微妙な違いに気づくのは、母語話者以外の外国人の方なのである。ヘボン自身も、日本語のハ行音について次のような表記をし、日本語のハ行音が決して一様ではないことに気づいていた。しかし、それは、ヘボンが、あくまで音声言語としての日本語を文字言語として表記したからである。ヘボンが、日本語を文字表記する際に参考にしたのは、あくまで剥き出しのオトであり、二次的資料である文字言語ではないことに注目すべきであろう。

  ha hi fu he ho   （ヘボンが表記した日本語のハ行音）

　日本語のハ行音も、音声の差異を意識しながら発音しなければならない。上記に掲げたハ行音の表記法では、fu という文字だけが他の子音と異なっている。この場合も、実際にハ行音のう段「ふ」を発音してみるとよい。調音法と調音点を具に観察してみると、両方の唇が近づいて、摩擦音として発音されていることに気づくことであろう。表1を参考にすると分かるように、調音点が両唇にあり、調音法は呼気がもれている摩擦音であることから、この音価は、「両唇摩擦音」［Φ］である。しかしながら、ヘボンの表記した f という文字は、IPA（国際音声字母）の音声表記の基準からすると、唇歯音［f］となるため、正確な音声表記法とはいえない。ちなみに、筆者自身は、国語学の分野で用いられる F の文字も、IPA の音声表記法からすると、唇歯音と誤解されるおそれのあるため、「両唇摩擦音」［Φ］の表記の方が適当であるかと思われる。いずれにせよ、外国人であるヘボンが日本語のハ行音を聞いて、明らかに別の音であることを認識したことに違いはない。以上のように、現実の音声の違いに気づくのは、母語話者ではなく、むしろ母語話者以外の人たちなのである。

さらに，厳密な音声表記にこだわるとすれば，hi の文字に対する音価も声門摩擦音［h］ではない。表1の子音の図を参照すれば分かるように，硬口蓋摩擦音の［ç］である。

1.3.2　五十音図における文字と音の関係について

この節では五十音図を例にとって，文字と音の関係について考えてみたい。五十音図の覚え方として，有名なものに，「いろは歌」，「天地の詞」（あめつちのことば）がある。ここで問題なのは，文字と音が必ずしも一致しないということである。なお，ここでは五十音図という言葉を用いてはいるが，実際には，下記のように，ヤ行のい段とヤ行のえ段の文字とワ行のう段の文字は存在していない。

　　や　〇　ゆ　〇　よ
　　わ　ゐ　〇　ゑ　を

したがって，五十音図といっても，現実には，これに「ん」の文字を加えて，合計 47 + 1 = 48 文字しか用いられていないことになる。ただし，ここで注意しなければならないことは，文字言語は音声言語に比べ変化しにくいという点である。では，音声は変わりやすいかというと，そうでもない。言語の構成要素である音韻，文法，語彙の言語特徴を比べれば，音韻体系が言語体系の中で最も変化しにくい要素ではある。しかし，文字言語はあくまで二次的要素であり，「はじめに音ありき」ということに変わりはない。音韻変化なくして，文字の変化はありえない。上記に掲げたワ行音のゐ（カタカナ表記ではヰ）とゑ（カタカナ表記ではヱ）は，現在ではかなり年配の人の名前などには使われているが，「い」と「え」の発音と音声上の差違があるわけではない。

では，次に「いろは歌」についてみていくことにする。なお，現

存するうち最も古い「いろは歌」を所収しているのは,『金光明最勝王経音義識語』(1079) である。

　　いろはにほへと　ちりぬるを　わかよたれそ　つねならむ
　　うゐのおくやま　けふこえて　あさきゆめみし　ゑひもせす
　　色は匂へど散りぬるを　我が世誰ぞ常ならむ
　　有為の奥山　今日越えて　浅き夢見じ　酔ひもせず

これは,元々「仏教的無常観」を基調とした思想を表現した歌である。数ある仏典の中でも,上記の歌は,『涅槃経』における次の偈から作られたとされている。

　　「諸行無常　是生滅法　生滅々已　寂滅為楽」

作者は弘法大師という説もあるが,時代的に合致しないため,おそらく俗説であろう。一方,五十音図の覚え方には,もう一つ代表的な歌「天地の詞」が知られている。この歌で,重要なことは,上記の「いろは歌」では四十七文字であった文字数が,この歌では四十八文字で表記されていることである。以下に,この四十八文字の歌を掲げると次のようになる。

　　あめつちほしそらやまかはみねたにくもきりむろこけひといぬ
　　うへすゑゆわさるおふせよえのえをなれゐて

この歌には,「いろは歌」ほどの統一された意味はないが,文全体の意味はおおむね次のようになると考えられる。

　　天地星空山川峰谷雲霧室苔人犬上末硫黄猿生ふせよ榎の枝を馴

れ居て

　上記の文末の言葉「えのえをなれゐて」に注目したい。「え」の文字が二度繰り返されていることに気づくことと思う。これは，ア行のえ段の文字（榎）とヤ行のえ段の文字（枝）に明らかに音声上の違いがあったからだと考えられる。この二つの文字によって，おそらく，当時は［e］と［je］という二つの音価が存在していたことが想起できる。したがって，二つの「え」の音価を保持している「天地の詞」の方が，「いろは歌」に比べて成立年代が古く，当時の音価にはア行のえ段の音価とヤ行のえ段の音価には明確な区別がみられたことが推測できるのである。このように，文字言語は，音声言語に比べ変化することが遅いため，古い時代の音声の再建（reconstruction）にはきわめて重要な資料になりうるのである。

　では，次に現在用いられている文字を，ローマ字表記で書き表すことにする。

　ただし，表記法は体系性を重視して，訓令式ローマ字表記を用いることにした。

a	i	u	e	o			
ka	ki	ku	ke	ko	kya	kyu	kyo
sa	si	su	se	so	sya	syu	syo
ta	ti	tu	te	to	tya	tyu	tyo
na	ni	nu	ne	no	nya	nyu	nyo
ha	hi	hu	he	ho	hya	hyu	hyo
ma	mi	mu	me	mo	mya	myu	myo
ya		yu		yo			
ra	ri	ru	re	ro	rya	ryu	ryo
wa				(wo)			

ga	gi	gu	ge	go	gya	gyu	gyo
za	zi	zu	ze	zo	zya	zyu	zyo
da	zi	zu	de	do	zya	zyu	zyo
ba	bi	bu	be	bo	bya	byu	byo
pa	pi	pu	pe	po	pya	pyu	pyo

　ここでは，特に子音の音価にのみ注目したい。上記の縦の音配列「あ，か，さ，た，な，は，ま……」は，古代インドの「悉曇韻学」に由来するものと考えられているが，子音だけを順にとりだしてみると，次のようになる。

　k（軟口蓋閉鎖音）
　s（歯茎摩擦音）
　t（歯茎閉鎖音）
　n（歯茎鼻音）
　h（声門摩擦音）
　m（両唇鼻音）

　これを，図1にみられる人間の器官に当てはめてみると，次のようになる。
　ただし，ここでは，後の「……や，ら，わ」の［j］，［r］，［w］の半母音については，省略することにする。上記の音声の配列で特筆すべき点は，図1を参考にすれば分かるように，上口蓋の後部に位置する［k］（軟口蓋閉鎖音）から前の方に順に，調音点が移動していることである。しかし，図2をよく観察してみると，［h］だけがこの規則に合致していない。もし，この音が［p］であるとすれば，音声が［k］（軟口蓋閉鎖音）の調音点の位置から，規則的に前方に移動していくことになるのである。

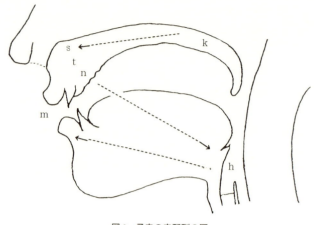

図2 子音の音配列の図

順にいくと，k（軟口蓋閉鎖音）→s（歯茎摩擦音）→t（歯茎閉鎖音）→n（歯茎鼻音）→p（両唇閉鎖音）→m（両唇鼻音）

日本語の[p]については，すでに東京帝国大学教授であり，後に帝大文科大学長に就任することになる上田万年（1867〜1937）が『p音考』(1903)の中で，上代以前の日本語の[h]は，[p]であったことを指摘している。しかし，上記の音声における配列の規則性から判断して，[h]が以前は[p]であったことも充分推測することができるのである。一見，無秩序にみえる言葉の配列にも，実は，非常にシステマチックな側面が隠されていることは，非常に興味深い現象といえよう。

ここで，上田が『p音考』の中で述べた次の言葉を掲げたい。

　……上古のパピプペポは奈良朝以前にありて，次第にハヒフヘホにうつりゆきたるにはあらざるか。

1.4　高低アクセント（pitch accent）と強弱アクセント（stress accent）

次にアクセントの問題についてふれることにする。単語は，音素の違いによって，意味の違いが生まれ，他の言葉と弁別することができる。ただし，同音の言葉であっても，アクセントの違いによって，意味の差異が生じることがある。

アクセントの種類には，高低アクセント（pitch accent），強弱アクセント（stress accent），固定アクセント（fixed accent）など実に多様な種類のものが含まれている。このうち，日本語のアクセントは，高低アクセント，英語は強弱アクセントに属している。高低アクセントとは，次のような同じ仮名文字を用いても，アクセントの高低の違いによって，意味を弁別できる機能を有している。

「箸（ハシ）」●○　「橋，端（ハシ）」○●

●（高い音を表す）

「雨（アメ）」●○　「飴（アメ）」　○●

○（低い音を表す）

また，同じアクセントでも，助詞が付加されることによって，異なる場合がみられる。

「橋が」○●○
「端が」○●●

アクセントは，地域分布によって次の四つに分類することができる。

京阪式アクセント（甲種アクセント　第一種アクセント）
　東京式アクセント（乙種アクセント　第二種アクセント）
　一型式アクセント（無アクセント）
　二型式アクセント（統合一型アクセント）

また，特に高いところから，低いところへと下がる部分は「アクセントの滝（核）」と呼ばれている。アクセントの有無によって，次のように細かく分類できる。

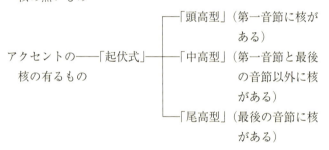

　アクセントの──「平板式」
　　核の無いもの

　アクセントの──「起伏式」──┬─「頭高型」（第一音節に核がある）
　　核の有るもの　　　　　　　├─「中高型」（第一音節と最後の音節以外に核がある）
　　　　　　　　　　　　　　　└─「尾高型」（最後の音節に核がある）

　上記のアクセント以外に「弁別的機能」をもっている音素に，「超分節的音素」（suprasegmental phoneme）と呼ばれるものがある。以下に諸例を挙げておきたい。

○イントネーション（抑揚）
　発話文のなかで，文末の昇降によって，疑問，断言，問答，勧誘など，様々に変化する。
　　tabemasu　↗　　（疑問）
　　tabemasu　↘　　（断言）

○プロミネンス(卓立)

　談話のなかで,話者が特に強調したい部分を,強く,高く発音すること。

〈問題〉

1. 日本語の H 音が,かつて P 音あるいは［Φ］音であったことを証明できる事項があれば,出来る限り多く挙げなさい。

2. 音声学と音韻論の違いを,「ん」を含む語を例に挙げ,詳細に説明しなさい。

3. 「いろは歌」を暗記した後,正確に書きなさい。また,五十音図に照らして,ア行,カ行,サ行,ナ行,ハ行,マ行,ヤ行,ラ行,ワ行の順に,全ての文字に○をしなさい。その後,音声言語と文字言語の観点から,「いろは歌」の言語特徴について,気づいたことを論じなさい。

2. 語　　　彙

2.1　合成語における変音現象について

2.1.1　連　　濁

　前章では，日本語の［h］が上代以前には［p］であった可能性があることについて述べた。しかし，上記のことだけでは，完全にこの音韻変化の問題を証明することはできない。ここでは，日本語の語彙の変音現象によって，一体どのようなことが分かるのか考察したい。特に，本節では国語学の分野で用いられる「連濁」という変音現象に注目し，音韻変化についてみていきたい。連濁とは，文字通り，ある言葉と別の言葉が，連続したときに，次項の子音要素の頭音が濁音化する現象である。どういう言語環境の場合に濁音化するのか，という問題も考察すべき重要な課題であるが，ここではこの点についてはふれないことにする。

　以下に掲げるように，日本語の中には実にたくさんの「連濁」化した語彙が存在している。人名の中にも「連濁」を起こしている語彙が数多くみられる。日本語の中で不思議に思われる現象の一つは，日本人は表意性のある漢字表記を重んじるためか，音声については割合に無頓着にいられることである。例えば，「山川」［yama-kawa］さんという名前の人を，たとえ濁音化して［yamagawa］さんと呼んでも，そう咎められることはないであろう。むしろ，漢字の誤記に関する間違いのほうが，遥かに苦情が多いことのように思われる。日本語では，表意性のある漢字を用いて，名前が表記されるからであろうか。あるいは，音よりも文字の方を重んじるためで

あろうか。いずれにせよ，日本社会においては，漢字という文字言語の方が，音声言語よりも，重要視される風潮にあることに変わりはない。一方，外国語の文字においては，アルファベットをはじめとする表音文字を採用している国が多いためか，音の誤りに対しては大変敏感である。

では，具体的に濁音化した合成語をいくつか掲げることにする。

虫歯	落ち葉	本箱	恋人	小林
本棚	友達	青竹	鼻血	
焼き魚	甘酒	居酒屋	夜桜	
手紙	風車	物語	薄着	仕事	出口

以上，掲げたように，日本語の語彙体系には，「連濁」した語彙がきわめて多い。この中から，例を一つだけ取りだして，音声の変遷について考察したい。

ただし，風 [kaze] + 車 [kuruma] → 風車 [kazaguruma] のように，転音現象も同時に起こしている場合には，説明が煩雑になるため，ここでは詳しく取り上げないことにする[2]。

虫 [musi] + 歯 [ha]　→　虫歯 [musiba]
本 [hon] + 棚 [tana]　→　本棚 [hondana]
甘 [ama] + 酒 [sake]　→　甘酒 [amazake]
手 [te] + 紙 [kami]　→　手紙 [tegami]

上記の例以外にも，「三階」のような言葉の音声は，[saŋkai]，[saŋgai] とも発音され，実際の発話の中では，音声の揺れがみられる。現代語においては，むしろ「連濁」現象を起こしていない語彙のほうが，多くなってきているのではないだろうか。

この語彙を参考にして，次項要素の頭音における子音の清音と濁音のコントラストを挙げることにする。

　　清音　　　濁音
　　h　　：　　b
　　t　　：　　d
　　s　　：　　z
　　k　　：　　g

　ここで，いま一度，表1を参考にしたい。この表の箱のなかには，調音点と調音法が同一の音価が表記されている。ただし，違いがあるのは，左の欄には，無声音（声帯振動が伴わない音）が，右の欄には有声音（声帯振動が伴う音声）が表記されていることである。いずれにせよ，濁音化とは，無声音から有声音に変化する現象であるから，上記のコントラストで示した音声は，すべて表1の同じ箱の中に収まるはずである。しかしながら，不思議なことに，ただ一つだけこの規則を逸脱している音声変化の例が現れている。それが，[h] と [b] の関係である。表1をみると分かるように，[h] は「声門摩擦音」の位置にあり，[b] は「両唇閉鎖音」の位置にあるため，この二つの音価はまったく別の箱の中に収まっていることになる。他の語彙のコントラストは，すべて規則通りに対応しているのに，この両音だけ，なぜかまったく別々の位置にあるのはどういうわけなのだろうか。1.3で述べたように，もし仮に，この [h] が，元々は [p] であったとすれば，どういうことになるだろうか。表1には，[h] と対応していた [b]「有声両唇閉鎖音」と，[p]「無声両唇閉鎖音」が同じ箱のなかに収まり，調音点，調音法ともにすべて完全なコントラストができあがることになるのである。ここで，もう一度，次項要素の頭音における子音の清音と濁音

のコントラストを掲げることにする。

清音		濁音
p	:	b
t	:	d
s	:	z
k	:	g

　このように，一見無秩序にみえる言葉の配列も，実際は，元々は規則的で体系的な側面を有していたといえる。なお，ここでは，「連濁」という合成語の変音現象から，[h] が上代以前には [p] であったことについて証明したが，この音韻変化は，上記以外の言語現象以外にも，日本語と同じ系統関係にある琉球方言の諸例においても充分立証することが可能である[3]。例えば，沖縄の一地方では，現在でも，墓「はか」のことを，「ぱか」と呼んでいる方言が残されている。ただし，方言の問題については，詳細な社会言語学的アプローチが必要となるため，本章では詳しく取り上げないことにする。「辺境に古形が残る」ことに関しては，後述するが，すでに民俗学者柳田国男（1875～1962）が，方言学の名著『蝸牛考』（1927）で，「方言周圏論」という概念を用いて証明している。

　なお，本節では，上記の [p] と [h] の音韻変化の中間段階にも，また別の音声が存在していたことについても言及しておきたい。この音価は，音声記号では，[Φ]（両唇摩擦音）と表記されるが，この音声の実在は次のような歌からもうかがうことができる。

　　ははにはふたたひあひたれとちちにはひとたひもあはす
　　　　　　　　　　　　　　　　　　　　　　　くちひる
　　（母には再び会いたれど，父には一度も会わず）

上記の歌は，有名な後奈良院撰何曾（1516）であるが，作者が唇で，「母」と発音する場合には，二回出会うということから判断すると，当然「ファファ」か，あるいは「パパ」のいずれかの音声で発音されていたことが推測できる。

　また，当時の音に［h］がなかったことは，次のような例からも推測することができる。以下に掲げる仏典の言葉の発音に注目したい。

　　摩訶般若心経「まかはんにゃしんぎょう」

　この言葉の「摩訶」という文字の発音であるが，元々のサンスクリット語の発音では，Mahā であり，発音として近い音は，「まか」でなく，「まは」である。これは，おそらく当時，日本語の音韻体系の中に，［h］が存在しなかったため，［k］で代用されたことが原因であると考えられる。この［h］が古い時代には存在していなかったことは，先述した上田の『p 音考』の次に掲げる文においても述べられている。

　　　古く p 音ありしことを説くに，猶ほ一の証拠となるべきは，
　　　梵漢二国語に於ける p 音が，日本の波行にて写され居るにか
　　　かはらず，梵漢の二国語における H 音が，総て我国にては加
　　　行に写さるる事これなり。

　ここでは，主に「連濁」の語彙について考察しているので，［h］と［p］の関係について，これ以上綿密に考察することはしない。いずれにせよ，以上のことから，現代日本語の［h］は，次のような変遷をたどったことが分かる。

［p］（両唇閉鎖音）＞［Φ］（両唇摩擦音）＞［h］（声門摩擦音）

2.1.2　連　　声

　まず，以下の単語の読みについて考えてもらいたい。

　　　安穏　　　因縁　　　反応

　解答は，それぞれ，「あんのん」，「いんねん」，「はんのう」であるが，漢字テストをすると，はじめの読みは，（あんおん），（いんえん），（はんおう）という間違いが最も多く，正答率は非常に悪い結果がでている。これまで，この種の漢字はそのまま暗記するように，指導されてきた人も多いことであろう。しかし，実際には，そのような必要性はまったくない。なぜなら，国語学用語の「連声（れんじょう）」という合成語の変音現象についての知識があれば，ある程度の読み方を推測することが充分可能だからである。

　例えば，初めの「安穏」という漢字は，分解すれば「安」＋「穏」である。当然，この単語の読み方を覚えなければ，「安（あん）」＋「穏（おん）」＝「安穏（あんおん）」となって間違った解答をしてしまう。しかし，実際の読み方は，「安穏（あんのん）」が正しい。ここで，たいていの人は，この漢字の読みを暗記するのだが，変音現象の規則性が存在することを知っていれば，読みを覚えることは，さほど難しい問題ではない。

　この変音現象を，詳しい音声表記で記すと次のようになる。

　　　安［an］＋穏［on］＝安穏［annon］

　上記の音韻の変化から，前項要素の末子音［n］（この場合は，安［an］の n）に，母音の頭音が続く場合，n が重複して合成語が構

成されて発音されていることが分かる。なお，地名にも，このような「連声」現象を起こした言葉がみられる。次の地名も，関西圏に在住の人にとっては，なじみのある地名であろうが，他の地方に住む人にとっては，大変読みにくい地名の一つとなっている。

　天［ten］+王［ou］+寺［ji］=天王寺［tennouji］

　なお，IPA（国際音声字母）の音声記号による正確な音声記号は，上記のものとは異なるが，説明の便宜上，ここでは，このような音声表記にしておく。

2. 1. 3　音韻添加

　本節では，特に音韻添加の例として，子音［s］の挿入について考えてみたい。ここでも，前節同様，次の単語の読みについて考えてほしい。

　春雨　　　氷雨　　　小雨

　この漢字の読みも，(はるあめ)，(ひあめ)，(こあめ) などのような誤答が多い。実際の解答では，「はるさめ」，「ひさめ」，「こさめ」となる。この場合も，仮名だけを見ているだけでは，なぜそのような読みになるのか分らないが，ローマ字化してみると，この音韻の変遷がはっきりと読み取ることができる。

　haru「はる」+ ame「あめ」→　haru「はる」+ s + ame「あめ」→ harusame「はるさめ」

　先述した「連声」の場合は，地名の「天王寺」の例を出したが，

「音韻添加」の場合でも地名の例が現れる。鳥取県に,「三朝」という有名な温泉地があるが,読み方は,漢字表記そのままの「みあさ」ではなく,「みささ」と呼ばれている。この言葉の読み方も,漢字を見ているだけでは,正確な読み方に気づくことはない。

この語彙も,次のようにローマ字化してみると,なぜこのような読みになったのか,その変遷を読み取ることができる。

mi「み」+asa「あさ」→ mi「み」+s+asa「あさ」→ misasa「みささ」

日本語は,開音節言語(母音終わりの言語)であるため,平仮名表記を見ただけでは,このような音素一つ一つの変化に気づきにくい。ましてや,漢字で表記された場合には,まず,このような音韻の変遷に気づくことはないであろう。日本語の文字構成要素の大部分を占めている漢字,平仮名,片仮名は,たしかに開音節言語である日本語の音韻体系(ただし,語末に「ん」/N/がくる場合だけは,子音終わりである)を表記するためには,きわめて便利で,実用的な文字といえよう。漢字は,表意性という特徴をもち,複雑な概念を表すことにも長けているし,基本的に開音節言語である日本語の音節構造にとっても,仮名は,表記上頗る便利な文字であるといえよう。しかし,その反面,文字というものは,人間の音に対する感性を鈍化させる働きがあることも忘れてはなるまい。

例えば,次の動詞「行く」の五段活用を平仮名とローマ字で書き,両方の表記を見比べてもらいたい。なお,通常は,希望形は活用組織の中に入れないが,ここでは,以下の表記法をとることにした。

動詞　行く

  未然形　行かない
  連用形　行きます
  終止形　行く
  連体形　行くとき
  仮定形　行けば
  命令形　行け
  希望形　行こう

　このように，平仮名表記をしただけでは，「行く」という言葉の活用組織の体系がはっきりと見えてこない。単に，「か・き・く・く・け・け・こ」と変化しているに過ぎないように思える。しかしながら，これを，ローマ字化して表記すると，違った言葉の側面がみえてくる。

  動詞　iku
   未然形　ik|a|nai
   連用形　ik|i|masu
   終止形　ik|u|
   連体形　ik|u|toki
   仮定形　ik|e|ba
   命令形　ik|e|
   希望形　ik|o|u

　上記の活用組織の体系から，次のようなことが分かる。つまり，基本的要素となる ik- という語幹に対して，「aiueo」という母音交替した要素が連続し，言葉の意味的機能が変化しているのである。後述するが，このような母音交替により，意味的機能が変化する例は，日本語の語彙体系の中には多数みられるのである。

2.2 語彙の分類について

日本語の語彙には,様々な語種が存在している。語種をそれぞれ分類すると,おおむね和語,漢語,外来語,混種語になる。この節では,この四つの分類法について順に見ていくことにする。

2.2.1 和　　語
日本語本来の言葉で「大和ことば」とも呼ばれる。以下に例を掲げると次のようになる。

　　「山」,「川」,「雨」,「私」,「話す」,「行く」,「美しい」,「は」,「が」

　日本語の語彙を統計上類別すると,延べ語数と異なり語数に分けることができる。なかでも,和語は延べ語数のなかで最も語彙数が多い。一方,異なり語数では,漢語が最も多くの語彙数を占めている。上代以降,日本語は様々な形で,たくさんの外来文化を輸入してきたが,日本語の基本的な部分では,外来語の侵食を受けることなく,和語が日本語の文章の根幹を占めてきたといえよう。

　また,和語は,基礎語彙として,日本語の系統論を考える上でも極めて重要な資料となりえる。日本語の系統論を調べるには,比較言語学 (comparative linguistics) 的観点から (当初は,「比較文法」と命名されていたが,ここでは,一般的な「比較言語学」という用語を用いる),他言語の基礎語彙との音韻対応 (sound correspondence) を検討しなければならない。このような場合,その対象となる語彙は,和語である。ただし,日本語の語彙の中には,漢語起源でありながら,本来の日本語である「大和ことば」のように見られがちな言葉も含まれていることに注意しなければならない。例え

ば,「うめ(梅)」,「うま(馬)」などの言葉は,一見すると日本古来の言葉のような印象をうけるが,実際は中国語経由の語彙であり,和語には含まれていない。また,本来は和語でありながら,漢字表記されることによって,和語であることに気づかれないことも,充分ありうることである。

このように,漢字表記をすることによって,かえって,元の語源が分からなくなる現象は,日本語の語彙体系の中では,しばしば起こりうることなのである。例えば,地名を例に出して説明すると,伯林(ベルリン),倫敦(ロンドン)などの地名は,明らかに外国の都市の漢字表記であることが分かるが,札幌(さっぽろ),紋別(もんべつ)などの地名になると,元はアイヌ語の地名であったと知っている人は,現在ではかなり少なくなっているのではないだろうか。漢字の利便性については,先述したように,いまさら説くまでもないが,語源研究という観点からみると,漢字表記は,元の和語のオトを消し去り,語源さえも忘れさせてしまうことがありうるのである。

ここに,もう一つ語源に関する語例を挙げることにする。よく知られた例に,「青二才」という言葉がある。形態素分析すると,「青」+「二才」となるであろうが,この「青」とは,まだ成熟していない状態のことを意味するのだが,では「二才」とはいったい何を意味しているのだろうか。「二才」程度の経験の浅い人間のことを比喩していった言葉であろうか。この「二才」の変遷は次のように考えられている。

ニイセ→ ニイ(新しい)+セ(背 成長した男子)→ ニサイ

ニイセからニサイの変化は,母音の変化は見られるものの,音位転換(metathesis)と考えてよいであろう。音位転換には,古語の

「あらたし（aratashi）」→「あたらしい（新しい）（atarashii）」のように，「あらたし」の rata が「あたらしい」の tara に交替したために生じた現象がある。この場合は，「新たなる出発」のような言葉で，現在まで使用法が残っているため分かり易いが，「青二才」の場合は，漢字を当てると，元々の意味がまったく分からなくなってしまう。この背という言葉を用いた歌は，古くは『万葉集』の中にも残されている。

　　わが背子を　大和へやると　さ夜ふけて
　　　　　　　　　　　暁露に　わが立ちぬれし　（巻2 105）

また，他の例では，「さんざか」→「さざんか（山茶花）」のように，「ん」と「ざ」が音位転換を起こした例もある。

2.2.2　漢　　語

漢語とは，中世以前の時代，日本語の語彙体系の中に，中国語経由で借入された言葉のことを指す。導入時期によって，それぞれ呉音，漢音，唐音，に大別できる。以下に諸例を掲げると次のようである。

漢字	呉音	漢音	唐音
行	修行（しゅぎょう）	行動（こうどう）	行脚（あんぎゃ）
明	灯明（とうみょう）	明治（めいじ）	明朝体（みんちょうたい）
経	経典（きょうてん）	経験（けいけん）	看経（かんきん）
頭	頭巾（ずきん）	頭角（とうかく）	饅頭（まんじゅう）

呉音（五，六世紀の頃に中国南方音が百済を通して，日本に伝わったとされている音。仏教関係の言葉が多い。）

漢音（七，八世紀の頃に中国北方音，すなわち唐の長安地方の発音が日本に伝わったとされる音であり，現在の日本語でも，標準的な読みかたとして用いられることが多い。）

唐音（宋の時代以降，杭州地方の発音が，日本に伝わったとされている音。特に，禅宗の僧侶によってもたらされた語彙が多い。）

ただし，この呉音，漢音，唐音などの漢字で構成された語彙の中には，必ずしも語彙構成が統一されていないこともある。よく知られた例として，筆者の専門としている「言語学」という言葉がある。この読みは，普通は「げんごがく」と読まれるが，詳しくみていくと，もし上の音を「言（げん）」（漢音）で読むなら，下の音も（漢音）で読まれなければならないはずである。しかし，実際には，「語（ぎょ）」（漢音）ではなく，「語（ご）」（呉音）と読まれている。このように，一端ある読み方が定着すると，語構成に問題があっても，その読みが変化しないまま用いられることもある。まったく別の例として，四字熟語の「言語道断（ごんごどうだん）」という言葉を挙げることができる。この場合は，「言（ごん）」（呉音）に対して，同じ「語（ご）」（呉音）が用いられており，同一の導入経路をもつ語彙で構成されている。

一方，明治維新以降，西洋文化の流入時期に，日本語では表現できない言葉が，音読みによってあたかも漢語起源であるかのように翻訳借用された時期があった。例えば，哲学（てつがく）という言葉は，元々は，西周（1829〜1897）が，philosophy を「哲学」と翻訳借用したのが始まりである。しかし，現在では，独立した学問分野の用語として定着している。このような，中国語起源でない語彙の場合は，正確には「漢語」ということができないが，日本語に翻訳借用された語彙も，この中に含まれている。この他には，societyの「社会」などの例も挙げることができる。

まったく別の語彙の例として，元々は和語であるにもかかわら

ず,音読みすることによって,漢語のような印象をもたれる語彙も現れる。例えば,よく知られた例として,和語の「おほね」という言葉がある。「おほね」という言葉は,「大根」と漢字表記されたため,これが漢語読みの「だいこん」という読み方に変化し,一般の人々に次第に定着するようになったのである。同様の例が「返事」である。この言葉は,和語で「かへりごと」という読みであったのだが,漢字が音読みされるようになり,「へんじ」という和製漢語の読み方が一般的となったのである。このように,漢語の語彙の中には,必ずしも中国語起源でない語彙も多数含まれていることに留意しなければならない。

2.2.3 外来語

日本語の中の外来的要素であり,借入される言語の音韻体系と日本語の音韻体系の違いから,多様な言語特徴をもった外来語が存在している。現代日本語の語彙に最も影響を与えた言語は,いうまでもなく,英語圏の語彙であるが,ドイツ語,フランス語,イタリア語などの言語からも,語種による差異はあるものの,数多の語彙が取り入れられている。また,借用語彙は,一般的に,単純借用と翻訳借用に分類することができるが,ここでは,特に単純借用についてのみ考察することにする。借用語彙の中で注目すべきことは,受け入れる言語(Lr recipient language)と与える言語(Ls source language)の間には,音韻的差異が存在するために,そこに干渉(interference)という現象が生じることである[4]。

1 英語

ごく簡単な例として,インクという言葉を挙げてみよう。

英語　　　　　　　日本語
ink［iŋk］＞　　　インク［iŋku］

　このように，日本語の言語体系の中に，他言語からの語彙が借用されると，両言語の音韻的体系の差異から，どうしてもその言葉は日本語の音韻体系の干渉をうけてしまう。上記の例にみられるように，開音節言語である日本語の中に，閉音節言語の英語の語彙が借用されると，末子音に母音が挿入されることになるのである。この例では，［u］という母音が語末にきている。ただし，以前には，［u］という母音の代わりに，［i］という母音が挿入されていた時期があった。現在でも，「インキ」という言い方を好む人もいるし，夏目漱石（1867〜1916）の三部作の一つである『門』（1910）の中でも次のような表現が用いられている。

　　「……それは印気の助けを借らないで，鮮明な印刷物を拵らえるとか云う，ちょっと聞くとすこぶる重宝な器械に就いてであった。」

　このように，「インキ」という外来語に対して，仮借文字である「印気」という漢字が当てられている。同じ言葉は，次ページでも二度使用されている。当時は，おそらくこのような漢字が用いられていたのだろう。しかし，時代が経つにつれ，「インキ」は，「陰気」という言葉とも繋がるため，語感としてもあまり良い印象を与えなかったのであろう。現在では，「インク」という発音が一般的となっている。この語彙の変化は，主に話者の語彙に対する心理的態度が原因であると考えられる。
　一方，日本語に借用された後，日本語内部で意味のずれが生じ，二通りの言い方がされる場合もある。例を挙げると以下の如くであ

る。

英語		日本語
strike	＞	ストライク
		ストライキ
truck	＞	トロッコ
		トラック

　上記の単語は，音節の問題として取り上げても興味深い現象である。英語の strike という単語には，音節主幹にはならない鼻母音が含まれているが，たった一音節しか存在していない。それに対して，日本語の場合は五モーラ（概ね仮名文字一字分がこれに相当する。ただし，拗音はこの中に含まれていない）になっている。日本語の基本的な音節は，あくまで「拍」が基調となっているため，外国人が日本語の音節の特徴を理解することはきわめて難しいと言わざるをえない。日本語の伝統的な歌である，「短歌」「俳句」「川柳」なども，すべてこの「拍」を基本的な音調としている。なお，日本語における「拍」の概念の中には，促音（つまる音），撥音（はねる音），長音符（のばす音）が含まれている。

　上記に挙げた英語以外にも，日本語の中には，ジャンル別に，色々な言語からの借用語彙が現れる。次に，日本語の中の借用語を，言語別にみていくことにする。

2　イタリア語

　例えば，イタリア語からの借用語彙には，多くの音楽関係の用語が導入されている。以下に，イタリア語からの借用語彙を挙げると，次の如くである。

ソプラノ（soprano）
テンポ　（tempo）
フォルテ（forte）

　ここで特筆すべきことは，イタリア語には母音終わりの言葉が多く，開音節言語である日本語と，音韻面に関しては，そう変りがないことである（もし，確かめたい方がいれば，『日伊辞典』で参照してもらいたい。母音終わりの単語が実に多いことに気づくことであろう）。イタリア語は，言うまでもなく，日本語と系統論的には何の関係ももっていない。イタリア語は元々，インド・ヨーロッパ語族のイタリック（Italic）語派に属し，フランス語，スペイン語，ルーマニア語などの言語とも姉妹言語（sister language）の関係にある言語である。系統的分類の観点からみると，英語の方が，インド・ヨーロッパ語族のゲルマン語派の西ゲルマン支派に属していることから，イタリア語とも近い関係にあるといえる。しかし，いくら英語と系統的に近い関係にあったとしても，イタリア語は，日本語と同様，開音節言語であり，音韻的特徴に関しては，きわめて酷似している。したがって，このような場合は，先に掲げた英語の借用語のような干渉という現象はみられない。当然のことではあるが，Ls と Lr の間の言語特徴（音韻，語彙，文法等）の差異がなければないほど，学習し易い言語であるといえる。「日本語は難しいですか」という問いが，外国人の日本語学習者にとって愚問であるのは，世界の言語には，絶対的に難しい言語というものは存在しないからである。「A 言語が難しいかどうか」は，あくまで学習者の対象とする A 言語と学習者の母語である B 言語にどれほどの言語特徴の差異があるかが問題となるからである。このような意味でも，近年研究が盛んに行なわれている「対照言語学」（contrastive linguistics）の必要性が説かれているのである。対照言語学は，言語

間の系統的関係をまったく考慮することはなく，二つ以上の言語の特徴を比べる学問分野のことである。勿論，音韻，形態，文法などの言語特徴が似ているほど，学び易い言語といえる。また，外国語の学習者がよく間違える例が，単に学習者の不勉強によるものなのか，あるいは，母語と学習者の対象とする言語の差異によるものなのか，指導者の側としては，充分考慮する必要がある。今後，外国語の学習者にとって，対照言語学という言語分野はますます必要となる学問分野となると考えられる。日本語の中の外来的要素には，系統的に異なるヨーロッパの諸言語が多く存在しているため，言語特徴において目立った類似点はないが，イタリア語（ロマンス諸語もこの特徴をもつ）は，開音節言語という日本語と似た特徴をもっている点で，日本人にとって比較的学び易い言語といえるであろう。

では，次に他の言語からの借用語彙を時代別にみていくことにする。

3 ポルトガル語

安土・桃山時代になると，数多くのポルトガル人が来日し，キリスト教の布教とともに，交易よって多くの文物をもたらした。その語彙の例を挙げると，次のようになる。

合羽（capa）　カルタ（carta）　金平糖（confeito）
羅紗（raxa）　ビードロ（vidro）

4 スペイン語

この時代，ポルトガル人と同時期に，スペイン人も来日している。しかし，ポルトガル語と比べると，借用語とよべる語彙はきわめて少なく，導入経路もはっきりしない場合が多い。ここでは，一

例のみにとどめることにする。

　莫大小「メリヤス」（medias）

　スペイン語，ポルトガル語の両言語ともインド・ヨーロッパ語族のイタリック語派に属すため，どちらの言語からの借用語彙か判別がつかないときがある。上記の語彙も，筆者はスペイン語経由の借用語彙であると考えているが，明確な経路は証明できないと考える人もいる。

5　オランダ語
　江戸期の鎖国の時代に入ると，各国との通商は禁止されたが，幕府はオランダとの貿易だけは許可したため，この時期には数多くのオランダ語からの借用語彙がみられる。蘭学の影響であろうか，医学用語に関する語彙も数多く現れる。

　アルコール（alcohol）　ガラス（glas）　カンフル（kamfer）
　スポイト（spuit）　メス（mes）　レンズ（lens）

　ただし，ここで留意すべきことがある。例えば，上記の例のガラス（glas）であるが，英語の語彙の中にも，glass と綴る言葉がある。このような場合，どのようにして借用語彙の導入経路を判断すればよいのであろうか。特に，英語もオランダ語もインド・ヨーロッパ語族のゲルマン語派の西ゲルマン支派に属しているため，まったく同系統の言語といえる。系統論的に同一の語派に属する言語の場合は，表記上からは，借用語彙の導入経路を明示できない。ただし，上記の借用語彙は，歴史的な事情を考慮すれば，オランダ語からの借用語彙であることが判断できるであろう。

6 ドイツ語

明治時代になると，ドイツ語から，数多の哲学用語や医学用語に関する語彙が借用されるようになる。

イデオロギー（Ideologie）　テーゼ（These）　ガーゼ（Gaze）
カルテ（Karte）　サナトリウム（Sanatorium）

また，現代の日本語には，元の意味とは多少のズレがあるものの，次のような言葉も借用されている。

ドイツ語　　　　　　　　日本語
arbeiten（働く）　　＞　アルバイト
gewalt（暴力）　　＞　ゲバ棒

上の例は，両言語の語彙の間で，意味に多少の差異がみられるが，下の例は，第2音節までドイツ語の言葉を援用し，その後は日本語の語彙が付加されている。この語彙の場合は，混種語に加える方が適当であろうが，「和製ドイツ語＋和語」という構成要素から成り立っており，その意味では，非常に特異な性質をもっているといえよう。また，この言葉自体は，学生運動の時代に，しばしば用いられた言葉であるが，現代の学生の間では，「死語」になりつつある言葉である。また，音韻的な側面からみると，日本語の音節構造に一番なじみやすい四モーラになっている。

現代日本語の外来語には，上記に掲げた語彙以外にも，朝鮮語（オンドル），フランス語（ジャンル，デビュー），ロシア語（イクラ，インテリゲンチャ）からの語彙も借用されている。しかしながら，日本語の借用語彙の体系に最も影響を与えた言語といえば，いうまでもなく，英語からの借用語彙である。現代日本語の語彙体系

の中には,英語からの借用語だけでなく,「和製英語」と呼ばれる日本語独自に変容させた語彙まで使用されている。このような現状をみた場合,日本語の外来的要素における影響力をうかがうことができる。

　下記に例を掲げると次のようになる。

　　サラリーマン,ナイター,バックミラー,マイホーム,ガソリンスタンド,など

　また「倶楽部」(クラブ),「型録」(カタログ) などの語彙のように,意味を考慮しながら,漢字表記がされる例もみられる。これと,まったく異なる語彙の例が,「万葉仮名」と呼ばれる漢字表記法である。この表記法は,意味は考慮されることがなく,音素の一致している漢字がただ羅列されているだけである。このような文字法は,一般的に「仮借文字」と呼ばれる。

　さらに,外来語の漢字表記以外にも,日本語の語彙の中にも,意味を考えて漢字が表記されることがある。日本語には,「熟字訓」と呼ばれる独特の漢字表記法がある。この表記法は,和語のそれぞれの音と文字表記がまったく対応しないため,学習者としては負担を感じる漢字表記法の一つとなっている。

　以下に,よく使用される例を挙げると,次の如くである。

　　五月雨「さみだれ」　　時雨「しぐれ」
　　海女「あま」　　土産「みやげ」

　上記の例に,「雨」に関する語彙があるが,「春雨」(はるさめ),「氷雨」(ひさめ) などの言葉については,先述したように,「音韻添加」の規則で説明できるが,「熟字訓」については,一つ一つ読

み方を覚えなければならない。「土産」(みやげ) という言葉にしても, どこからどこまでが, 「み」と「やげ」なのか, 形態素 (意味の最小単位) にすら分けることができない。このような漢字の読みは, 母語の学習者はいうまでもなく, 外国人の日本語学習者を悩ませる表記法の一つとなっている。

2.2.4 混種語

　混種語とは, 文字通り, 和語, 漢語, 外来語などの語種の異なる要素が混じり合い, 一つの語彙として形成された言葉である。組み合わせの違いにより, 次のように分類できる。

　　「重箱」「縁組」　　　　　　　（漢語＋和語）
　　「湯桶」「黒字」　　　　　　　（和語＋漢語）
　　「バブル経済」「フォーク歌手」　（外来語＋漢語）
　　「生ビール」「貸しスキー」　　　（和語＋外来語）
　　「国際センター」「電気ストーブ」（漢語＋外来語）

　いわゆる「重箱読み」と,「湯桶読み」は, この混種語の分類方法からみると, それぞれ（漢語＋和語）と（和語＋漢語）で構成されているといえる。

2.3　位　　相　　語

　「位相語」とは, 性別, 年齢, 職業, 地域など使用者の属性によって, 異なる言葉のことを指す。従来の国語学の分野では, 「位相語」という名称が用いられてきたが, 現在では, 社会言語学的観点から, 「社会方言」ないしは「社会的変種」という言葉の方が適当であるかと思われる。位相語では, 「地域的方言」と「社会的方言」の区別はされていないが, この節では, 社会的方言の例だけ掲げる

ことにする。

ここでは，いくつか諸例を挙げることにする。

2.3.1 男ことば・女ことば

「ぼく」「おれ」「わし」(一人称)「おまえ」「君」(二人称)(男ことば)
「わたくし」「あたくし」(一人称)「あなた」　　(二人称)(女ことば)

ただし，すべての言葉を，男ことばと女ことばに区別することは，実際には難しいと言わざるをえない。上記の語彙にしても，「あなた」という言葉は，夫婦同士の場合なら，女性が使うのが普通だが，場面によっては，男女両方が用いてもよい言葉である。さらに，二人称の「君」という言葉は，現代の日本語では，男ことばと考えられがちだが，女性がこの言葉を使うことによって，新鮮な印象を与える効果が生まれることもある。歌人与謝野晶子（1878～1942）の代表的な歌にも次のようなものがある。

「やは肌のあつき血汐にふれも見でさびしからずや道を説く君」

また，与謝野晶子の代表的な詩「君死にたまふことなかれ」では，日露戦争で旅順に散った亡き弟を思って，次のような詩が残されている。ここでは，「君」という二人称を使うことによって，亡き弟「君」に対するせつないまでの愛情を感じとることができる。ここでは，その冒頭部分のみ記すことにする。

ああおとうとよ，君を泣く，
君死にたまふことなかれ
末に生まれし君なれば

親のなさけはまされしも，
親は刃をにぎらせて
人を殺せとをしへしや
人を殺して死ねよとて
二十四までをそだてしや。

　明治浪漫主義の詩人であり，自然主義的作家であった島崎藤村（1872〜1943）は，代表的な詩『初恋』の中でも，「君」という言葉を用いている。男性が用いるときにも，「君」という言葉の背景には，愛しき人に対する想いが込められている。以下は，その冒頭個所である。

　　まだあげ初めし前髪の
　　林檎のもとに見えしとき
　　前にさしたる花櫛の
　　花ある君と思ひけり

　いずれの詩においても，性差にかかわらず，「君」という二人称の言葉が，効果的に用いられていることが分かる。
　次に掲げる文では，社会言語学者 J. ホームズ（Janet Holmes 1947〜）が，その代表的な著書『社会言語学入門』（1992）の中で，日本語の語彙には，次のような「男ことば」と「女ことば」があり，明確に区別されていると述べている。以下に，その該当個所を掲げることにする。
　おそらく，ホームズ自身は，何らかの日本語の文献を読んで，この性差の言葉を引用したのであろうが，これは明らかに誤解している。ここでは，「おひや」という言葉が，女ことばの方に分類されているが，現代日本語においては，男性も女性もこの言葉を日常生

表 2　現代日本語の性差による分類

Japanese		
Women's form	Men's form	
ohiya	mizu	'water'
onaka	hara	'stomach'
oisii	umai	'delicious'
taberu	kuu	'eat'

活の中で，(特に飲食店など)使っている。この言葉の語源をたどってみると，たしかに元来は，女房詞であった。しかし，現在では一般の人々にも普及し，用いられるようになっている。「男ことば」，「女ことば」という性差で分類するよりも，上記の用例は，むしろ「丁寧さの度合い」によって使い分けられていると説明したほうが適切であろう。つまり，語彙そのもので区別するよりも，「女性のほうが，男性より丁寧な言語変種を用いる傾向にある」と考えたほうがよいであろう。

　以上のように，現実社会においては，「男ことば」，「女ことば」といっても，単純には分類できない語彙のほうがはるかに多いのである。

2.3.2　幼児ことば

　幼児が言葉を覚えていく過程には，喃語，一語文期，二語文期，さらに多語文期など多様な発展段階がみられる。ここでは，ちょうど一語文期に該当する言葉を掲げることにする。

　「ブーブー」，「ワンワン」，「マンマ」，「シーシー」等

2.3.3　武 者 詞

　江戸時代の社会階級制度には，武士，農民，職人，商人等の歴然

とした違いがあり，それが言葉の用い方にも大きな影響を与えていた。歌舞伎役者の二世中村芝鶴が「いつ江戸に来たのか」という言葉を，当時の身分制度による言葉の違いによって，様々な用法があることを指摘している。武者詞の例として，相手方には，「射られて」，「きられた」という言い方をしても，味方にはこの表現法を好まず，「射させて」，「きさせて」という言葉に言いなおした用例もみられる。なお，この種の用例については，『武者言葉大概』に詳しく述べられている。

2.3.4 女房詞

女房詞とは，元々は，宮中においてのみ用いられてきた言葉のことであるが，時代が経つにつれ，一般の町家の人々にも次第に普及するようになった。室町時代成立の『海人藻芥』(1420) には，女房詞に関する数多くの用例が載っている。

この女房詞の代表的な例として，「お～」と「～もじ」を挙げることができる。「おかつ（鰹）」，「こもじ（鯉）」などがあるが，現在まで残っている言葉として，次の語彙を挙げておく。

「お～」(接頭辞)「おひや」(御＋ひや)「おこわ」(御＋こわめし)
「～もじ」(接尾辞)「しゃもじ」(杓子＋もじ)

2.3.5 遊女詞・廓詞

遊女詞・廓詞とは，江戸時代，遊里社会の中で，遊女の間でのみ使用された言葉のことである。江戸は吉原，京都は島原，大阪は新町などの地名がよく知られている。

わっち　わちき　　　　（自称の代名詞）
ぬし　　　　　　　　　（対称の代名詞）

ありんす　ありいす　　　（ありますの遊女詞）

2.3.6　忌言葉

　忌詞の最も代表的な語彙の例は，伊勢斎宮の『皇太神宮儀式帳』にみられる「斎宮忌詞」であろう。神道に関する言葉が重んじられたのか，ここでは極端に仏教の言葉や「死」に関する言葉が，避けられている[5]。

　　実際の語彙　　　　忌詞
　　「経」　　　　　　「染紙」
　　「寺」　　　　　　「瓦葺」
　　「血」　　　　　　「汗」

　以上，掲げた言葉以外にも，「学生言葉」，医師の間だけ通用する「医学用語」，戦中にみられた「軍隊用語」，「宗教界の言葉」（代表的な例は，「和尚」のような言葉である。この漢字は，各宗教界で読み方が異なっている）などを挙げることができよう。とりわけ，「学生言葉」については，近年，社会言語学的観点から，積極的なアプローチが試みられている。例えば，「キャンパス言葉」の中には，たくさんの言葉が平板型に移行していく現象が報告されている。このような言葉の変容現象の原因は，主に「仲間意識」によるものが起因していると考えることができるであろう。

〈問題〉
1．（例）を参考にして，様々な漢語の語彙を挙げ，語構成について，他にどのような例があるのか，考えなさい。

```
    漢語    語構成
(例) 降雨  (述語＋主語) (雨が降る)
    日没  (主語＋述語) (日が没する)
```

2.「音位転換」の例をできる限り多く挙げ，なぜこのような現象が生じるのか，あなた自身の考えを述べなさい。
   (例) あらたし → あたらしい 「新しい」
       さんざか   → さざんか   「山茶花」

3.（例）を参考にして，最近の文学作品の題名を挙げながら，どのような語種（和語・漢語・外来語・混種語）が用いられる傾向にあるのか，調べなさい。

   また，明治期以降（近代）の文学作品と現代の文学作品の題名を調査して，語種を比較しなさい。

```
    作者       題名
(例) 綿矢りさ『インストール』(外来語)
    柳美里『家族シネマ』(混種語)
```

3. 文　　　法

3.1　日本語の文法について

　日本語の文法学説について述べるときには，まず伝統的な文法学説である「橋本文法」(橋本進吉　1882～1945)，「山田文法」(山田孝雄(やまだよしお)　1873～1958)，「時枝文法」(時枝誠記(ときえだもとき)　1900～1967)について詳細に比較，検討すべきであろうが，これらの文法学説については，すでに数多の国文法の研究書で論じられていることから，ここでは，それぞれの文法概説の詳細に立ち入ることはしない。ただし，これらの文法学説の特徴的な面についてのみ扱うことにする。では，まず，一般的な日本語の品詞分類の図を示すことにする。

　先に述べた文法理論は，それぞれ言語特徴があり，どれが正しい品詞分類か否かは議論の分かれるところである。ここでは，特に際立った特徴のみ記すことにする。

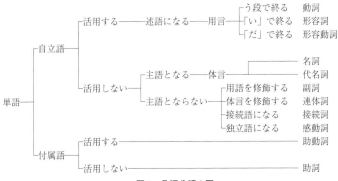

図3　品詞分類の図

①山田文法では,「助動詞」の代わりに,「複語尾」という用語が使用されている。

「複語尾」とは,複雑に発達した用言の語尾と考えられる。橋本文法や時枝文法にしても,このような用語は使われていない。ただし,時枝文法においては,「接尾語」という言葉が使われることがある。いずれにせよ,研究者の間では,高く評価された山田文法も,学校の国文法の教科書としては,その難解な解釈のためか,あまり用いられることはなかった。

ここで,国文法という用語についても,ふれておきたい。このような場合,筆者は,「国文法学者」という名称を用いることにためらいがある。現在の国語・国文学の学問分野の状況は,あまりにも研究が専門化されている印象をうける。国語の専門家といっても,その多くは国語学者か国文学者に分類されることが多い。さらに,国文学者なら,上代,中古,中世,近世などの研究者と,さらに専門が細分化されていく。ある意味では,専門が細分化されるということは,それだけ学問の本質を極めるための一助となるため望ましいことではあるが,それだけ「木を見て森を見ず」ということに陥りはしないだろうか。当時の名称が,なぜ,国語・国文学科であったかといえば,国文法に通じていた学者も,同時に国文学に関する造詣も深かったからであろう。山田孝雄にしても,『桜史』『平家物語考』という論考においては,国文学の知識が余すところなく書かれている。

②山田文法では,複文のとらえ方が異なる。

山田（1936）は,文というものを複文と単文という単純な図式でとらえない。次のように,有属文などの用語を使い,整然とした分類方法をとっている。この分類方法は,今日においても充分通用する学説であろう。

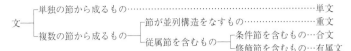

図4　山田文法による節の分類
玉村文郎編『日本語学を学ぶ人のために』より引用

　③橋本文法も時枝文法も,「詞」と「辞」という用語を使っているが, その言語観はまったく異なる。橋本文法における,「詞」とは, 単独で文を構成できる自立語のことであり,「辞」とは, 他の言葉に伴って文節を作り出す働きがある。一方, 時枝文法における「詞」とは, 概念過程を含む様式のことであり,「辞」とは概念過程を含まない様式のことである。また, 彼の理論には「入れ子型」という独特な文法論が用いられている。主に, 教科書文法としては, 橋本文法が用いられてきたが, その後は, 時枝文法も取り入れられるようになる。

　④時枝誠記の文法の中で最も有名な言語理論は,「言語過程説」である。「言語過程説」とは, 元々, 小林英夫（1903〜1978）が F. de ソシュール（Ferdinand de Saussure 1857〜1913）の『一般言語学講義』（1916）を邦訳し,「言語道具説」を唱えたことに対するアンチ・テーゼとして生まれた理論のことである。しかしながら, この演繹主義的な理論は, 構造主義的手法をとる言語学者にも多大なる影響を与えた。橋本進吉の文法理論が帰納主義的であるとすれば, 時枝誠記の文法理論は演繹主義的といえるであろう。日本における文法理論の潮流も, 東京大学教授の職にあり, 国語学界を常にリードしてきた両者の文法理論の違いを考察すると, その変化の本質がみえてくる。かくて, 日本における文法は, 橋本文法から時枝文法へとその主流は変っていくのである。この流れは, 言語学の分野で, 帰納主義的方法をとる構造主義言語学が, チョムスキーの出現

とともに，その主流が演繹的な生成文法にとって変っていくことときわめて酷似している。

ここでは，文法の定義の難しさにおいてもふれておきたい。図3でみたように，助動詞の定義は，付属語で活用する品詞となっている。しかし，以下の文章ではどうであろうか。

　　昨日は朝から雨が降っていた。

品詞分解すれば，次のようになる。

　　<u>昨日</u>　<u>は</u>　<u>朝</u>　<u>から</u>　<u>雨</u>　<u>が</u>　<u>降っ</u>　<u>て</u>　<u>い</u>　<u>た</u>
　　名詞　助詞　名詞　助詞　名詞　助詞　動詞　助詞　動詞　助動詞

助動詞の「た」は，過去を表す品詞であるが，この助動詞は活用し変化することはない。このような場合，上記の定義では決して充分であるとはいえない。なお，助動詞「た」は，厳密には「完了」の文法的機能も含まれていることにも注意されたい[6]。

この他にも，多くの重要な文法用語があるが，本節では，他の用語の説明については割愛する。

上記の文法学説の研究は，明治以降，欧米の言語学の成熟期に，進められていたことだが，日本においては，すでに江戸時代に，文法の研究が精力的に進められていたことは，特筆すべきである。日本語学の研究が，単に欧米の言語研究の受け売りではなく，すでに多くの文法学者を江戸時代に輩出し，独自の文法説があったことは注目すべきであろう。特に，代表的な研究者には，四種の「詞」の言葉を用い，『言語四種論』を著した鈴木朖（すずきあきら）（1764～1837），『あゆひ抄』，『かざし抄』，『よそひ抄』の富士谷成章（ふじたになりあきら）（1738～1779），『詞の玉緒』の文法書で知られる本居宣長（1730～1801），春庭（1763

〜1828）父子などがいる。諸外国においては，すでに，文法理論について，紀元前3世紀頃の成立と考えられているパーニニ文法やポール・ロワイヤル文法などが存在していたことも事実である。しかし，江戸の鎖国時代にあって，日本独自の文法理論を完成させていた先達がいたことを，決して忘れるべきではないであろう。

3.2　アスペクトについて

現代日本語の文法用語には，欧米の言語学理論の影響をうけ，様々な概念を表す用語が使われている。例えば，アスペクト，モダリティ，ムード等の用語は，現代の言語学会の中でも，とりたてて説明を要することもなく用いられている。このような概念は，外国の言語学の研究成果に負うことが多いため，単純借用のまま外来語として表記されることが多い。本書では，すべての日本語学の用語について，説明をしない。ここでは，その中でも，特に「アスペクト」の概念について考えてみたい。「アスペクト」については，日本語学の中では，「相」と訳されることもある。

「アスペクト」とは，国文法のみに関心のある人にとっては，耳慣れない用語かも知れない。しかし，言語学の分野においては，きわめて重要な概念である。「アスペクト」とは，時間的な制約にとらわれることがなく，主にその行動形式に重点がおかれる。上述したように，日本語学では，「相」と表現される。

この概念については，言語学者のB. コムリー（Bernard Comrie 1947〜）の『Aspect』（1988）の分類が最も理解しやすい。以下にこのアスペクトの分類法を掲げると次のようになる。

ここでは，日本語の「-ている」を例にとり，日本語のアスペクトについて考察してみたい。図5の分類法に合致する文を，以下に掲げることにする。

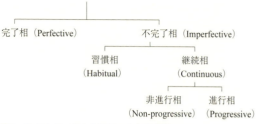

図5 B. コムリーによるアスペクトの分類

私は，いつも六時に散歩することにしている。(習慣相)
犬が，公園で走っている。(進行相)
窓が開いている。(継続相　非進行相)

3.3 SOV型言語

本節では，日本語の語順について考察したい。

まず，世界の言語を語順で分類すると，おおむね次のようになる。ここでは，J. H. グリーンバーグ (Joseph Harold Greenberg 1915～2001) の『言語類型論』(1978) に従って分類する。

SOV
SVO
VSO
VOS
OSV
OVS

上記の分類法の中で，世界の言語は，ほぼSOV型言語が5割，SVO型言語が4割程度といわれる。また，VSO型言語については，古くはケルト語，タガログ語，アラビア語などが当てはまり，

常に前置詞が用いられる。なお，SOV 型言語については，日本語と日本語と同系統と考えられているアルタイ諸語（モンゴル語，チュルク諸語，満州・ツングース語）が属している。ということは，語順に関してだけみると，日本語は決して特異な言語ではないということになる。戦前には，国粋主義的なイデオロギーの影響もあり，「日本語特異論」の考え方が根強く残っていた。しかし，語順だけをみると，日本語は世界の言語と比しても，ごくありふれた言語であるといわざるをえない。同種の研究成果については，すでに言語学者角田太作（1991）が『世界の言語と日本語』の中で，日本語は特異な言語ではないことを類型論的立場から強調している（また，角田は，むしろ英語の方が特異な言語であることを指摘しているが，筆者も別の観点からこの考えには同意したい）。これほどの国際化した時代にあって，しかも日本語を巧みに話す外国人を目の当たりにすると，日本語は他言語と比べて特に異質な言語でもないような気もする。しかし，あえて日本語の特徴的な点を挙げるとすれば，文字の多様性かもしれない。漢字，平仮名，カタカナ，ローマ字など，これほどの書き分けがされている言語もきわめて珍しいのではなかろうか。しかし，それは，言語の音韻，文法，語彙の言語学的側面とはまったく関係のないことである。では，日本語を他の言語と同様に，単に SOV 型言語に属する言語と考えていいのだろうか。たとえ同一の型に属する言語であっても，詳細に考察してみると，さらに別の言語特徴があることに気づく。つまり，言語の中には，「堅い規則」をもつ言語と「柔らかい規則」をもつ言語という分類も存在していることである[7]。

例えば，「私はこの本が読めます」という文でも，「読めるよ，私は，この本を」としても，意味としては充分通じるはずである。しかし，日本語と系統的に関係があるとされるアルタイ諸語には，このような語順の柔軟性はないし，もし語順を変化させれば，きわめ

て不自然な語順として聞こえるはずである。系統を異にする英語なら，なおさらのことである。

上記の例から分かるように，日本語は他言語と比べると，格別に特異な言語ではないということである。しかし，文字の多様性や「柔らかい規則」をもつ言語という側面を考慮してみると，やはり，幾分かは他の言語とは異質な言語特徴を有しているかのようにも思える。日本語の言語特徴については，さらに複雑な要素があるため，今後は詳細な言語研究が必要となるが，戦前に根強く見られた「日本語特異論」説はもはや払拭された観があるといえよう。

3.4 言語類型論について
——とりわけ日本語の膠着性を巡って——

この節では，日本語を類型論的観点から考えてみたい。言語を類型論的観点からみると，おおむね次のような分類法をとることができる。

類型論的分類名	代表的な言語
孤立語	中国語　チベット語
膠着語	日本語　モンゴル語　トルコ語
屈折語	ラテン語　フランス語　イタリア語　英語

孤立語（isolating language）は，語順によって文法的機能を表す言語のことである。膠着語（agglutinative language）は，語幹に文法的接辞をもった形態素が膠（現在では，使う人もほとんどいないが，糊の役目を果たしている。研究者によっては，「粘着語」という表現を用いる人もいる）のように接着し形成されていく言語のことを指す。屈折語（inflectional language）は，語幹と文法的形態素をもつ語尾が区別できないような言語のことである。なお，ここで

いう形態素とは、意味をもつ最小の単位と考えてもらいたい。

このような、言語の特徴を言葉の発展段階と同一視して考えたのが、言語学者 F. シュレーゲル（Friedrich von Schlegel 1772〜1829）である。シュレーゲルの代表的な論文として挙げられるのが、『インド人の言語と知性について』(Über die Sprache und Weisheit der Indier)（1808）である。この論文で、シュレーゲルは、インド人の言語、すなわち、サンスクリット語にも強い関心を抱いていた。特筆すべき点は、中国語のような孤立語と印欧語のような屈折語を二つに分類し、屈折語を最も発展した段階のものととらえたことである。特に、彼が、この頃すでに言語を有機体とみる「言語有機体観」をもっていたことには注目しなければならない。この後、類型論的分類については、兄の A. シュレーゲル（August Schlegel 1767〜1845）、W. von フンボルト（Wilhelm von Humboldt 1767〜1835）の精緻な研究成果により、膠着語のタイプも、孤立語と屈折語の中間段階として加えられるようになる。しかし、何よりも、その後の言語観に多大なる影響を及ぼしたのは、シュレーゲル兄弟の「言語有機体説」である。この学説は、その後、言語学者 A. シュライヒャー（August Schleicher 1821〜1868）の学説へと受け継がれていく。シュライヒャー（1863）は、その著書『ダーウィン理論と言語学（Die Darwinsche Theorie und die Sprachewissenschaft)』の中で、孤立語、膠着語、屈折語は、それぞれ鉱物、植物、動物に例えることができると考えた。そして、屈折語に属する言語が、最も発達した段階に到達した言語であると結論づけている。図示すると、次のようになる。

  孤立語 → 膠着語 → 屈折語
  鉱物   → 植物   → 動物

このような「言語有機体観」は，現在の言語学界で受け入れがたいのは自明の理である。では，なぜシュライヒャーが，このような言語理論をもつに至ったのであろうか。それぞれの時代における言語学の状況を理解するためには，当時の社会的状況をも考慮しなければならない。当時は，Ch. R. ダーウィン（Charles Robert Darwin 1809〜1882）の進化理論が，まさに社会科学の全ての分野を席巻していた時代である。ダーウィンがその著『種の起源』で唱えた生物的進化論の法則は，学問のあらゆる分野に多大なる影響を与えることになった。そのような状況下にあって，言語学の世界も決して無縁ではいられなかったのである。とりわけ，シュライヒャー（1863）は，進化論の法則を自らの言語理論に援用し，『ダーウィン理論と言語学』の中で，インド・ヨーロッパ祖語を最高の発展段階に到達した屈折語ととらえているのである。彼の言語理論は，一般的に「系統樹説（Stammbaumtheorie）」と呼ばれている学説として知られている。以下に，その図を掲げると，次のようになる。

　勿論，この言語理論と異なる学説も提示されている。なかでも，J. シュミット（Johannes Schmidt 1843〜1901）の「波紋説（Wellentheorie）」は，その代表的な学説と考えることができるであろう。彼は，言語を発展段階としてとらえるのではなく，言葉は波状的に伝播していくものであると考えた。注目すべき点は，このようなシュミットの言語理論は，彼の独創的な考えではなく，シュライヒャーの下で生まれ，その理論の着想をえたことである。シュミットは，元々シュライヒャーの弟子であり，彼の指導の下で言語学の研究を進めていたことも，興味深い事実である。このような例は，後述することになるが，二十世紀を代表する言語学者であり，生成文法の創始者 N. チョムスキー（Noam Chomsky 1928〜）が，構造言語学者の Z. S. ハリス（Zellig Sebbetai Harris 1909〜）の教えをうけたにもかかわらず，やがて変形生成文法（transformational genera-

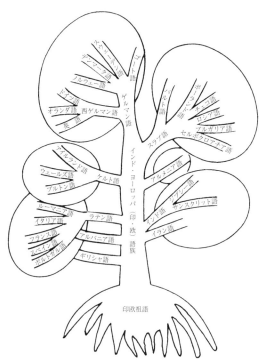

図6　シュライヒャーの系統樹説の図
杉本つとむ・岩淵匡（編著）『日本語学辞典』より引用

tive grammar）というまったく別の独自の言語理論を創始したことと似ている。生成文法とは，それまでの代表的な言語学的手法であった構造言語学とはまったく異なっている。帰納主義的見方をもつ構造言語学に対して，生成文法は先験的で演繹的な言語観をもっている。新しい言語理論というものは，従来の言語理論を究極まで追究することによって，はじめて生まれいずるものなのだろうか。そして，そこに何らかの矛盾を抱えた時に，新たなる学説に変化するものなのであろうか。そういう意味では，現在の言語理論の研究と

3.4　言語類型論について　　57

いうものは，常に新しい言語観を生み出す原動力を内包しているといえるであろう。ただし，このような言語観の変遷は，決して自律的変化によるものではなく，研究者自身の意志に委ねられていることを忘れてはならない。

では，今一度，言語類型論の学説に話しを戻すことにする。シュライヒャー以降も，E. サピア（Edward Sapir 1884〜1939）が『言語』（1921）の中で，上記のものより，さらに詳しい分類法を試みている。しかし，サピアの分類法は，あまりにも煩雑になりすぎて，かえって言語の本質を見失いがちになったことは否めない。上記の分類法以外にも，エスキモー語の言語が属する抱合語（膠着語と屈折語の中間段階と考えて差し支えないだろう）があるが，──すでにフンボルトは類型論の中に抱合語（incorporating language）を加えていた──ここでは詳しい説明は省くことにする。大概の分類としては，上記の三つの分類法で充分であろう。

先述したシュライヒャーの理論であるが，なるほど図7のラテン語の例を見る限りでは，活用があまりにも複雑で，語順で文法的機能を表す孤立語に比べて，いかにも難解な印象を与える。しかし，ダーウィン理論に従うとすれば，「言語」というものは，時代が経つにつれて，次第に発展するはずである。しかし，現実の世界ではどうであろうか。ラテン語から派生する，フランス語，イタリア語，ルーマニア語，スペイン語などのイタリック語派に属する言語は，たしかに膠着語の日本語と比べると，性（gender）数（number）格（case）などの文法的カテゴリーの側面では，かなり複雑な様相を呈している。しかし，日本人の学習者にとっては，難解な言語であるとはいえ，それ以前の発展段階にあるとされるラテン語と比べれば，むしろ簡易であることは言うまでもない。

以下に，ラテン語の活用の一例を掲げることにする。

ラテン語

	amāre（愛する）の人称変化	
	単数形	複数形
1人称	amō	amāmus
2人称	amās	amātis
3人称	amat	amant

図7

　ここで，留意すべき点は，ラテン語と同じインド・ヨーロッパ語族に属しながら，ゲルマン語族の西ゲルマン支派の「英語」は，ある面ではまったく屈折的特徴を有していないことである。例えば，次の動詞を見てもらいたい。

動詞の原形	過去形	過去分詞
play	played	played

　上記の例は，中学英語で学習する規則的な動詞の変化である。また，次の動詞の変化は，不規則変化と呼ばれている動詞の変化である。

動詞の原形	過去形	過去分詞
see	saw	seen

　上記の動詞変化をみれば分かるように，英語をもし最も高い発展段階に到達した屈折言語とするならば，不規則変化の動詞しか屈折言語の特徴を有していないことになる。逆に，数としては遥かに多い規則的な動詞の変化のほうが，［play（動詞の原形）＋ed（過去を表す接辞）］という形態素分析が可能であり，膠着的な傾向があるといえる。英語を屈折言語とみる観点は，おそらく言語の分類方法

に起因しているのであろう。言語学の分野における一般的な分類法には「言語」を、系統的分類、地理的分類、類型的分類の三つに大別する方法がある。英語の場合は、インド・ヨーロッパ語族に属しているため、系統的分類の観点からすると、当然、屈折語の範疇に入れられることになる。しかし、現実的には、英語の様々な言語特徴から判断すると、必ずしも屈折的言語であるとは言いがたい特徴が数多くみられる。「言語」とは、音韻、文法、形態等、実に多様な言語特徴を有しているため、たった一つの類型に分類することは、きわめて困難なことであるといわざるをえない。

また、次の例文は、語順を入れ替えただけで、意味が変るのでむしろ孤立的特徴を有しているといえる。

Mary　　loves　　Jack.
Jack　　loves　　Mary.

では、日本語の類型論的分類はいったいどうなるのであろうか。日本語も、すべての言語的側面にわたって、膠着語的性格をもっているわけではない。1章で掲げた動詞の活用は、むしろ屈折的な特徴に属すると考えられないだろうか。

行かない　　ikanai
行きます　　ikimasu
行く　　　　iku
行くとき　　ikutoki
行けば　　　ikeba
行け　　　　ike
行こう　　　ikou

1章では，このような活用が母音交替することによって，意味の機能が変化することについて若干の見解を述べた。上記の活用表の場合も，ik-という語幹に文法的接辞が繋がり一つの文法的機能を果たしている。ただし ik-だけでも，形態素としての機能をもっているという見方もあることに注意しなければならない。特に，言語学の分野では，意味の最小単位である形態素を，「自由形態素」(free morpheme) と「束縛形態素」(bound morpheme) に分類する方法がある。自由形態素とは，それだけで単語として独立させることができる。しかし，束縛形態素の場合は，そうはいかない。上記の例の場合は，「行く (iku)」という言葉を，形態素分析すると，ik＋u となり，ik-は別の単語と結合して初めて文法的機能を果たすことになるのである。ただし，この例も [u] のアプラウトをどう取り扱うかが問題となる。形態素としての機能としては問題が残るため，やはり，日本語のこの言語特徴は屈折言語と考えたほうがよいであろう。

〈問題〉

1．「～テイル」という例文をできる限り多く作成し，アスペクトの観点から，各例文の違いを説明しなさい。

2．日本語は他の諸言語に比べ，特に学びにくい言語とはいえないが，外国人にとって学習することが難しい特徴がみられる。それは，どのような点か，具体的に答えなさい。また，どのような点を改良すれば，外国人留学生にも分かりやすくなるのか，あなた自身の考えを述べなさい。

3．日本語の語順は，通常 SOV という語順をとると考えられてい

る。この語順は世界の言語のほぼ5割が属しているといわれる。しかしながら，同じSOV型言語に属していても，日本語は，他の諸言語と比べると，異なる特徴を有している。この相違点について，他言語の文例を挙げながら，詳しく論じなさい。

4. 文　　字

4.1　日本語の文字について

　日本語の文字は，一般的には，漢字，平仮名，片仮名，ローマ字に分類できる。中でも，漢字は「表意文字」であり，平仮名，片仮名，ローマ字は「表音文字」に分類することができる。さらに，細かく分類すると，平仮名，片仮名は，音節を基本的単位とするため，「音節文字」に，一方，ローマ字は音素を基本的単位とするため，「音素文字」に分けることができる。以下に簡単に図示すると次のようになる。

　上記の文字とは別に，江戸時代に国学者平田篤胤（ひらたあつたね）（1776〜1843）が，「神代文字」と称する文字の存在を指摘していた。正確には，この本は『神字日文伝』（かんなひふみのつたえ）（1819）として知られている。ここでは，漢字渡来以前に，日本にすでに独自の文字が存在したという説が述べられている。しかしながら，平田自身が，きわめてイデオロギー性の強い思想をもつ国粋主義者であった

ことや，この文字自体がハングル文字ときわめて酷似したものであることから判断すれば，明らかに偽作であると考えざるをえない。

　ここで，問題にしなければならないことは，平田自身がなぜこのような文字を創作しなければならなかったかである。ここでは，詳しい考察は避けるが，上代以来，漢字文化の影響を強くうけてきた日本文化にとって，独自の国家思想をもつことが必須だったのではなかろうか。固有の日本文化の象徴として平田は，神代文字を創りだしたのであろう。文字は，単に音声文字を表記する以上の意味をもつことを忘れてはならない。例を，現代のアジアの社会状況で考えてみたい。ペレストロイカ以降，第二の社会主義国であったモンゴルも，ロシア語の表記キリル文字を廃し，革命以前のウイグル式モンゴル文字を採用しようとする動向がみられる。本節では，詳細な説明は省くが，現代モンゴル語を表記するには，キリル文字の方がはるかに便利である。ウイグル式モンゴル文字は，音声と文字の開きが大きく，文字を完全に習得するには，かなりの時間と労力を要する。にもかかわらず，モンゴル政府は，この文字を正式にモンゴル文字として採用しようとする方針である。人の文字に対する考えには，効率性や便利さ以上の何かが存在するものなのである。この問題は，「言語の変化」の節においても詳しく扱うが，「言語」というものは，常に変化する可能性を有しているが，これはなにも「調音労働の節約」という効率性のみで変化するのではない。時に，効率の悪い方向に進むことも充分ありえる。「言葉」を話す主体は，あくまで人間なのである。人間不在の言語などはありえない（勿論，すでに話す人のいなくなった死語は別だが……）。「文字」というものが，人間の言語とかかわるものである限り，そこには単に音声言語から文字言語への移行という役割以上のものがあることを忘れてはならない。

　例として，次のモンゴル語の言葉を掲げることにする。

bayatur　　　　　　баатар　　　　　　〔ba：tar〕「英雄」
モンゴル文語　　　現代モンゴル語（キリル文字）

図8　モンゴル文語と現代モンゴル文字
橋本『モンゴル文語入門』より引用

　上記のように，ロシア文字（キリル文字）を借用した現代モンゴル語のほうが，発音と文字が一致していることが分かる。また，13世紀，元王朝が成立した時，モンゴル語独自の国字を製作しようとする動きがみられた。国師パスパが，クビライの命をうけて作ったのが，「パスパ文字」である。しかし，この文字も，よく見ると，チベット語の文字ときわめて酷似していることがすぐに分かる。

4.1.1　六　　書
　ここでは，漢字の構成法について述べてみたい。漢字は，おおむね六つの文字に分類できる。そして，さらに，漢字の造字法（①〜④）と漢字の用字法（⑤と⑥）に分類することができる。とりわけ，この六つの文字は，国語学の分野では，「六書」（りくしょ）と呼ばれている。紀元100年には，後漢の許慎が「六書」の9353の字について『説文解字』（せつもんかいじ）という字書の中で，詳しい説明を試みている。

4.1.1－①　象形文字
　象形文字とは，絵の形を象ったものを文字化した原始的な漢字の表記法である。原始的な表記法ではあるが，後述する文字の基本的な構成要素となるため，漢字の表記法としては，きわめて重要な造

字法といえよう。例として,次のものがある。

　(例)「山」「木」「鳥」「魚」「人」「女」

4.1.1－② 指事文字

　指事文字とは,符号的な要素を用いて,新しく造られた文字のことを指している。代表的な漢字として,「上」「下」等を挙げることができる。この漢字の構成法は,「－」の文字の上下それぞれに指示性をもつ符号が付随し,造られている。これ以外にも,「木」からできた指事文字に,次の漢字がある。

　(例)「木」からできた指事文字
　　　「末」「未」「本」
ただし,指事文字の漢字としての数は決して多くはない。

4.1.1－③ 会意文字

　会意文字とは,二つ以上の文字を組み合わせて,一定の意味をもたせ,新しい漢字として構成された文字のことである。例えば,「林」のような漢字の場合は,字を見れば分かるように,「木」という同一の漢字の要素が二つ構成されてできた文字である。以下に例を挙げると,次のようなものがある。

　(例)「磊」「轟」「炎」

　上記の例は,単に同一の漢字を並べたに過ぎないが,別の文字を組み合わせて,一つの漢字として構成する造字法もある。例えば,「孝」のような漢字は,語源としては,元々「老」いた人を「子」が背負っていることからできた言葉である。

他の語彙には，次のような例を挙げることができる。

　　　　　東（木＋日）
　　　　　信（人＋言）

　ここで注意すべきことは，この会意文字の造字法を用いて，国字と呼ばれる和製漢字が造られていることである。一瞥すれば，中国起源の文字であるかのような印象をうけるが，実際は，日本で造られた国字である。

　　辻　　　峠　　　畠

4.1.1－④　形声文字
　形声文字は，意味を表す「義符」と音を表す「音符」によって構成されている。最も分かり易い例として，次の漢字を挙げることができる。

　（例）江（さんずい「水を表す」＋音「コウ」）

4.1.1－⑤　転注文字
　元来は，別の漢字であった文字が，同様の意味を連想させる言葉として使われるようになった文字のことを指す。例としては，「音楽」という漢字がよく知られている。「音楽」という言葉の「楽」（ガク）が，音楽がたのしいものであることから，「楽」（たのしい）という漢字に転じたと言われている。

4.1.1－⑥　仮借文字
　意味をまったく考慮しないで，同音の漢字を当てた文字のことを

指している。人名,地名などによく使われる。

　　釈迦「しゃか」　　印度「インド」

　すでに,上述したことだが,「万葉仮名」はこの仮借文字の一種と考えることができる。筆者は,ワープロを用いる際に,時々,言葉の意味とは関係なく,アトランダムに漢字が羅列されて表示されるのを目にする。「万葉仮名」も,これと同様に,音に対して漢字が当てられている。しかし,興味深いことに,この場合,漢字の表記法に一定の書き分けがみられることである。ただし,漢字の書き分けの際にも,色々な漢字が変換されてくるが,音素を逸脱した漢字が現れることは決してない。「雪」という漢字の「き」という文字に対しては,「企」,「伎」という文字がでてくるが,同音の文字であっても,「紀」,「奇」は現れることがない。ということは,おそらく,当時は,「き」という文字には二通りの音が存在していたことが推測できるのである。

4.2　文字言語と音声言語について

　まずは,次の文章を読んでもらいたい。

　　「私は銀行へ行きます」

　普段私たちは,何気なく文を読んでいるので,文字と音の関係についてとりたてて考えることもない。また,文字はそのまま音声を表しているものと信じている。文字と音の関係について考える機会があるのは,外国人に日本語を教える時ぐらいのものである。自らの母語でありながら,否,自らの母語であるがゆえに,母語の文字言語と音声言語の差異に気づくことがないことは,本当に不思議な

ことである。しかし，たったこれだけの文章の中にも，文字と音の関係について色々な問題が内包されている。まず，この文章を，ワープロで打つ時のことを考えてもらいたい。「は」は，ha で打ちながら，実際には [wa] と発音しているはずであるし，「へ」は，he と打ちながら，実際には [e] と発音しているはずである。

　このような現象はなぜ起こるのだろうか。音を重視するとすれば，当然「私わ銀行えいきます」と書いたほうが字音通りに表記され，便利なはずである。しかし，現在までのところ，この表記法を変えようとする動きはみられない。実は，このような書き方から，文字と音の関係を詳しく知ることができるのである。ここでは，まずハ行音について考えてみることにする。先述したように，ハ行音は，[p]＞[Φ]＞[h] の変遷を通じて，最後に「声門摩擦音」に変化している。しかし，語中では，これとは別に摩擦音 [Φ] からちょうど鎌倉時代あたりには，[w] 音に変化していたと考えられる。当時の文字と音の関係は，「わ　ゐ　う　ゑ　を」に対して，[wa wi u we wo] であったと考えられる。これが，現代では「わ　い　う　え　お」に対して，[wa i ɯ e o] に変化したのである。先程の「は」の表記も古い時代（おそらくΦa 音）の音の名残と考えることができる。また，「へ」も同様に，古い時代の音（おそらくΦe 音）が [we] 音に変化し，その後 [e] 音に変化したのであろう。いずれにせよ，当時の音に対する文字表記が今でも残っているため，現在も「は」と「へ」が用いられているのであろう。このような現象は，国語学の分野では「ハ行転呼音」と呼ばれている。なお，後項の音が唇を使わない音となっているのは，「唇音退化」の現象と考えることもできる。では，なぜ唇音退化の現象が表れたのかといえば，これも話者の言語意識によるものが大きいと思われる。当時，すでに唇を使った音は卑しい音であるという意識が，話者の心の中に働いたからであろう。サ行音に関しては，昔はシャ行

音のほうが標準的な音価とされたように，音そのものには本来，美醜の基準はないはずである。それを決定するのは，あくまで，言葉を使う人間の言語意識の問題なのである。

この「ハ行転呼音」以外にも，重要な音と文字のずれとして，「四つ仮名」を挙げることができる。現在の日本語には，「じ」と「ぢ」，「ず」と「づ」の音韻上の違いはないといってよいであろう。しかし，室町時代以前にはこの違いは明確に存在していた。

さらに，「銀行」という言葉にも注目してもらいたい。「銀行」とは，平仮名では勿論「ぎんこう」であるが，実際の発音では，このように文字のまま [ginkou] とは発音していないはずである。むしろ，調音労働の経済性から考えて，[ginkoː] と発音しているはずである。このような日常の言葉においても，文字と音声の違いは見られるのである。

この，言語と文字の関係について，H. パウル（1880）は，次のようなことを述べている。

過去と現在との言語状態の差異については，文字の媒介によって，我々に伝わったものによる以外には何ら知ることができない。書いてあるものは，言語自体ではなく，文字に移された言語は，それに期待できるには，まずその前に，元へ移し換える必要があるもので，絶えずこの点に留意することは，いやしくも言語を研究するものには，重要な事柄である。

なお，文字と音の関係について，第1章においても若干述べたことだが，次の例についても考えてもらいたい。現在，日本で使われている数詞についてであるが，この問題は私たちに二つの大きな問題点を教えてくれる。一つは，数詞といえども，変化する可能性が充分ありうるということである。通常，数詞は，基本語彙に入れられ，きわめて変化しにくい語彙と考えられている。しかし，現実には，日本語の数詞は「いち，に，さん，……」が用いられ，昔の

「ひ，ふ，み，……」は用いられることはほとんどない。言葉の系統を考える際には，数詞を比較する言語が多いが，現在の日本語の数詞はそれができない。必ずしも，数詞が基本語彙とはならない好個の例といえよう。ただし，語彙については，昔の数詞の影響がみられることには留意する必要があろう。例えば，人名，地名には，その名残がみられる。「一二三（ひふみ）」，「二見が浦」等。では，下記に，日本語の数詞をローマ字化したものを挙げることにする。

1	hi	6	mu
2	hu	7	nana
3	mi	8	ya
4	yo	9	koko
5	itu	10	to

　上記の1から10の数詞をみてもらいたい。開音節言語である日本語にとっては，平仮名は適した文字であると考えられるが，文字言語に慣れてしまうと，音の敏感さを失ってしまうということを忘れてはならない。また，平仮名だけではその背後にひそんでいる規則性に気づくことは決してない。東京帝国文科大学の和文学科を卒業した上田万年は，1890年から1894年までのドイツでの留学時代，様々な言語学者の指導を受けていた。その中にいたのが，言語学者G. ガーベレンツ（Georg von der Gabelentz 1840〜1893），音声学者E. ジーフェルス（Eduard Sievers 1850〜1932）である。ガーベレンツはすでに，この数詞が一定の規則性をもっていることに気づいていた。また，彼は満州語をはじめ多くの東洋の言語に精通していた稀代の言語学者でもあった。おそらく日本語も，上田を通じて学んだのかもしれない[8]。

　それでは，具体的に上記の数詞の規則性についてみていくことに

する。1と2, 3と6, 4と8, 5と10をみてもらいたい。それぞれ, 母音が交替していることに気づくと思う。5と10は別のようにみえるかもしれないが, しかし, 5番目の「いつ」の前項要素である[i]は, 添加母音であると考えれば, 証明ができるであろう。一般的には,「ヒフミ倍加説」と呼ばれているこの学説は, すでに江戸時代の学者荻生徂徠(おぎゅうそらい)(1666〜1728)も気づいていた。今一度, この法則を掲げることにする。

1	hi	2	hu	1×2	i→u
3	mi	6	mu	3×2	i→u
4	yo	8	ya	4×2	o→a
5	itu	10	to	5×2	u→o

　はじめの, 1と2, 3と6, は母音がi〜uに交替することによって, 数が倍加していることに気づくと思う。このように, 母音交替(ablaut)によって, 数が規則的に変化していることには驚かざるをえない。一見, 無秩序にみえる「数」というものに, このような規則性があるとは本当に不思議な現象といえる。また, このような「数」の倍加現象は, 仮名文字では決して意識できない。また, 音の響きだけでも, 気づくことはできないであろう。文字, それもローマ字化しないと, なかなか確認することはできないであろう。
　さらに, この数詞の倍加法則をみると, もしかすると日本語の基層は閉音節言語だったのではないか, という気えしてくる。日本語の仮名は, 開音節言語を表記するには向いているかもしれないが, 閉音節言語には適しているとはいえない。日本語が, 閉音節言語であったかもしれないことは, 次のような,『日葡辞書』(1603)の語彙の例からもうかがうことができる。

Faret　　　（破裂）
Cŏbut　　　（好物）

　日本語の起源を，南方説と北方説をとる人がいるが，南方説の根拠の一つは，マライ・ポリネシア言語に属する言葉が開音節言語の言語特徴をもっているからである。しかし，上記のような例をみると，日本語は本来閉音節言語であった可能性も想起させる。次に掲げる例は，大野晋（1919〜2008）の『日本語の文法を考える』（1978）の中の語彙を参考にしたものだが，ローマ字化してみると母音交替の法則を読み取ることができる。

　漁り火（isaribi）　　　　is-aribi
　石　　（isi）　　　　　　is-i
　磯　　（iso）　　　　　　is-o

　この語彙は，すべて何らかの形で「石」や「海」に関する語彙ばかりである。なお，母音交替については，isを基本的要素とし，a〜i〜oと母音交替が起こり意味のニュアンスの違いが生まれている。この母音交替に含まれていないのは，uとeだけである。しかし，この場合も，isu, iseという二つの可能性を考えてみてほしい。isuという言葉に該当する言葉は見つからないが，iseという言葉の音を聞いてみると，「伊勢」という地名を想起する人もいることだと思う。漢字によって文字化されると，気づくことがない母音交替に関する語彙であっても，このように音声をローマ字化すると，この地名が「石」や「海」にかかわる地名であることに気づくものである。
　よく知られた母音交替の例としては，次のような語彙もある。

暗い	（kurai）	kur-a-i
暮れる	（kureru）	kur-e-ru
黒い	（kuroi）	kur-o-i

　この場合は，何か「黒」のイメージが，kur を基本的要素としてあり，後項要素の a〜e〜o という母音交替によって，言葉のニュアンスが少しずつ変化している。このような例は，私たちに文字と音の関係を再認識させてくれる好個の語彙と考えられよう。
　さらに，このような擬態語の例もみつかる。

キリキリ	胸がキリキリ痛む。	kirikiri
クルクル	風車がクルクル回る。	kurukuru
コロコロ	石がコロコロ転がる。	korokoro

　上記の例は，何か「物が転がる」イメージを想起させる。初めの例は別の印象を与えるようだが，体内で何か物体が動いている様子を思い浮かべてほしい。他の例として，擬態語の「ピカピカ」という言葉があるが，ローマ字化すると pikapika となり，[p] という音価が [h] への音韻変化をしていると考えれば，「ひかる」は元々「ぴかる」という発音であった証左ともなる。このような擬態語は幼児がとりわけよく用いるが，擬態語の中の基層に昔のオトが残っているとすれば，幼児の素朴な音感覚といえども，決しておろそかにはできないはずである。
　このように，私たちは日常の生活の中で文字を使用することによって，ますますこのような母音交替の規則性に気づくことはなくなることと思う。ただし，筆者は本節でしばしば「規則性」という言語を用いたが，あらゆる「言語」が規則性によって支配されているとは考えてはいない。むしろ，現実にはその逆の現象の方が多いの

かもしれない。

「言語の純粋性」,「言語の規則性」という言葉の中には,どこか言葉だけが一人歩きし,言語というものが,人間の意思とは無関係に自律的法則に従って変化していくような印象をもたざるをえない。しかし,実際には言葉を話す人間から離脱したような言語(すでに用いられなくなったサンスクリット語やラテン語は除く)などはありえない。言語というものは,あくまで「規則性」と「不規則性」を内包した混沌(カオス)の中に存在しているものなのだから。

4.3 文字の秘儀性

文字というものは,本来,音声言語を文字言語として残す役割と,コミュニケーションの手段という役目がある。しかしながら,不思議なことに,ときには文字の意味が分からないほど,文字としての機能が果たせることもある。かつて,漢字を「悪魔の文字」と呼んだ外国人学者もいたが,日本語の文字を知らない人がみると,何か呪術めいたものと感じるのかもしれない。

ここで一つの例を挙げたい。例えば,経典の音読を聞いても,仏教に関する知識がなければその意味は理解できないはずである。しかし,むしろ意味が分からないほど,その言葉が有り難く聞こえることがある。例えば,一般的によく知られている仏典『般若心経』は,元々,古代インド語のサンスクリット語からの漢訳の仏典を,日本語読みで発音しているのである。以下に『般若波羅蜜多心経』の冒頭部分を掲げると次のようになる。なお,日本語訳に関しては中村(1960)を引用した。

　　観自在菩薩。行深般若波羅蜜多時。照見五蘊皆空。度一切苦厄。

「求道者にして聖なる観音は,深遠な智慧の完成を実践していたときに,存在するものは五つの構成要素があると見きわめた。しかも,かれは,これらの構成要素が,その本性からいうと,実体のないものであると見抜いたのであった……」

　筆者は,もとより仏教学の専門ではないので,本文の詳細な内容は分からないが,内容としては「空」の思想を説き,様々な欲望にとらわれがちな人間を諭した行文と考えてよいであろう。しかし,仏典の意味を理解していない人が,「かんじざいぼさつぎょうじんはんにゃはらみたじ……」(観自在菩薩行深般若波羅蜜多時)というお経を聞くと,意味が分からなくとも何か有り難いような気がするのは本当に不思議なことである。「般若」とはサンスクリット語で prajnā と音写され,その意味は「智慧」である。また,「波羅蜜多」とはサンスクリット語で pāramitā と音写され,意味は「彼岸に到達する」ということである。中村元 (1960) は,『般若心経』のなかで,実に平明で理解しやすい日本語に訳している。そして,これまで日本の仏教界で,このような経典が日本語に翻訳されてこなかったことに対して,次のような苦言を呈している。

　　近代日本の仏教学者までが,漢文で偉そうに書かれたものは尊く,われわれのことばで書かれたものは賤しいという驚くべき権威至上主義にとりつかれていたように見受けられるのである。

　しかし,実際に仏典を読む場合には,日本語に翻訳されたものが読まれることはない。江戸時代,臨済宗,妙心寺派の禅僧盤珪永琢 (ばんけいようたく)(1622〜1693)が『心経鈔』で,話し言葉で仏典を翻訳しようとしたぐらいである。江戸時代の経典も,漢文一辺倒であったといえる

であろう。そして，これこそが「文字の呪術性」あるいは「文字の秘儀性」と考えることができるのではないだろうか。「秘すれば花なり」とは世阿弥（1363～1443）の『風姿花伝』（1400）での言葉だが，この場合の引用の是非はともかく，言葉（この場合は文字言語も音声言語も含む）の本来の機能はコミュニケーションの道具であり，話し手と聞き手の相互理解というものが不可欠であるが，逆に，理解できないことにこそ意味がある場合もみられるのである。

　モンゴル国には，現在でもいまから700年以上前の仏典が残されている。モンゴル仏典は，アルタイ諸語の研究にとって資料的価値が高く，言語学的観点からみてもきわめて重要な文献となる。しかし，実際の仏教の儀式などでは，ほとんどチベット仏典が用いられている。この場合も，自分たちの理解できる言葉より，系統の違うチベット語で読まれたほうがより有り難みが増すのかもしれない。ただし，この場合には，チベット語という宗教的側面も考慮しなければならないであろう。

〈問題〉
1．（例）を参考にして，日本語の文字と音声の異なる例を挙げ，下記のような現象が生じる要因について詳しく論じなさい。

　　　例）　漢字　　　読みかた　　　　実際の音声
　　　　　　経営　　　けいえい　　　　ケーエー
　　　　　　生命　　　せいめい　　　　セーメー

2．日本語には，かつて「神代文字」という固有の文字が存在したと唱えた学者がいたが，このような独自の文字の存在については，現代の言語学界では否定されている。しかしながら，日本

に限らず，色々な国家が，独自の文字を有していたことに拘るのは，なぜだろうか。この理由について，あなた自身の考えを述べなさい。

3. 「ことばはコミュニケーションの道具である」といわれるが，意味を解せないことに意味がある場合がみられる。典型的な例として，仏典を挙げることができるであろう。四角四面の漢字の渦で記された漢訳仏典が，これまで，日本語に翻訳された例はほとんどみられなかった。また，翻訳されたとしても，その翻訳が定着することはなかった。経典を唱えるときに，その意味が理解できないからこそ有りがたく感じるのはなぜだろうか。

　このようなふしぎな人の心性について，自分の考えをまとめ論じなさい。

5. 言葉と社会

5.1 社会言語学について

　本章では,「言葉」と「社会」との関係について考察することにするが, 近代言語学以降, 言語学の代表的分野, とりわけ構造言語学, 変形生成文法などにおいては, ある意味「社会」という存在を捨象することによって, 言語の研究が成立してきた。しかし, 1960年代半ばに入り, N. チョムスキーの言語観の批判とともに, 言語のパロールの側面にも焦点が当てられるようになる。特に, 欧米ではこの言語分野のことを, 社会言語学（Sociolinguistics）と呼び, 近年, 精力的な研究が進められている。帰納主義的な「構造言語学」と演繹主義的な「変形生成文法」の言語研究では, おのずと言語に対するアプローチの仕方が違っているが, 均質的な言語体系を扱っているという点では, 両者の言語観に違いはない。社会言語学という学問分野が, ソシュールのいうパロールを研究対象として扱い, 言語変化の側面にも重点を置いたことは, 特筆すべきことといえよう。

　さらに, ここでは「社会言語学」という学問分野の名称にもこだわってみたい。社会言語学と言語社会学（the Sociology of Language）は, ともに「言葉」と「社会」に関わる学際的な研究分野である。しかしながら, その研究上の違いについては研究者の間でも一致しているわけではない。一般的には, 主に個人のコミュニケーション能力の機能を扱うミクロ社会言語学（microsociolinguistics）と, 多言語使用や言語政策などを扱うマクロ社会言語学（macrosociolinguistics）に分類することができる。そして，マクロ社会言語学を社会学の研究領域の一つに含め，「言語社会学」と称し，「社会言語学」と別の学問分野として区別することもある。本節では，まずこの分野の定義の違いについてみていきたい。社会言語学者 R. ハドソン（Richard Anthony Hudson 1939～）は，『社会言語学』（1980）において，この両者の違いについて次のようなことを述べている。

> 社会言語学と言語社会学の違いは，強調をどこに置くかの違いであり，研究者が言語と社会のどちらにより多くの関心を持っているか，研究者が言語分析と社会構造分析のどちらにより優れているかで決まる。

今日の「社会言語学」の研究状況を考慮すると，もはや「社会言語学」が言語学の一部門であることに異論を唱える人はいないであろう。しかし，1960年代，チョムスキーの生成文法の全盛時代には，社会言語学は正当な学問分野として認知される状況にはなかった。しかし，言語学者 D. クリスタル（David Crystal 1941～）は，『言語学とは何か』（1969）で，次に掲げる言語分野が，応用言語学の範疇をこえて，一つの独立した学問分野として認められるようになることを当時すでに卓見していたのである。クリスタルのいう「周辺分野」あるいは「応用分野」とは，次の如くである。

哲学的言語学（philosophical linguistics）
数理言語学（mathematical linguistics）
コンピュータ言語学（computational linguistics）
心理言語学（psycholinguistics）
社会言語学（sociolinguistics）

このなかでは，現在，「コンピュータ言語学」「心理言語学」「社会言語学」などの研究分野が，活発な研究活動を行なっている。とりわけ，国語学会の間では「コンピュータ言語学」ではなく，「計量国語学」という名称の下，研究活動が進められている。このように，クリスタルが1960年代に，すでに上記の学問分野が，言語学の応用分野の一部門でなくなり独立した学問分野となることを予想していたことは，傾聴に値するであろう。

　では，次に「言語社会学」と「社会言語学」の定義の差異について詳しくみていきたい。森口（1986）は，『言語学を学ぶ人のために』のなかで，この二つの研究分野の違いを具体的に次のように定義している。

社会言語学（sociolinguistics）
　地域，年齢，階級，宗教，性などの違いによる言葉の体系の違いや，体系それ自身を研究することを目的とする言語学の一分野。

言語社会学（the sociology of language）
　標準語（共通語）教育により，社会における言葉の変化が引き起こされ，その結果，社会自体の変化が引き起こされる場合，その社会自体，または，そうした社会の変化を研究する学問で，社会学の一分野と考えられる。

　ここで，筆者は「言語社会学」が社会学の一分野として，位置づけられていることに注目したい。社会言語学とは，あくまで言語学の側から生まれた学問体系であり，言語社会学とは，社会学の一部門ということである。また，フランスの言語学者 J. ペロー（Jean Perrot 1925〜）も『言語学』（La Linguistique）において，同じような見解を示している。彼は，「言語」と「社会」の関係を次のよう

に述べている。

> ことばの研究は，社会的な条件に従って，ことばがその機能を果し，進化する事実から，社会の科学的研究である社会学 sociologie のなかに含まれる。現在，言語社会学 socio-linguistique の樹立が試みられている。

ここでは，はっきりとことばの研究が社会学の分野に含まれていることが言及されている。しかしながら，社会学者の「言語社会学」という学問分野に対する認識はいかなるものであろうか。かつて，教育社会学者の B. バーンステイン（Basil Bernstein 1924～）が，「精密コード」（elaborated code）と「制限コード」（restricted code）という独特の用語を使って，階級差と言語の関係を社会学的立場から考察することを試みた。社会言語学の黎明期においては，このバーンステインの研究は，後に掲げる W. ラボフとともに社会言語学における概説書の必須の文献として，必ず取り上げられていた。しかし，今日のように社会言語学的観点からの研究がかなり進んでいる状況では，もはやこのバーンステインの言語理論は，社会言語学の概説書にもまっく記載されないことがある。「言葉」と「社会」に関するこれまでの論考を考察すると分かることだが，言語学の立場からの研究，すなわち「社会言語学」的研究は現在，精力的に行なわれているのだが，社会学者からの言語学的視点を援用した「言語社会学」的研究は，バーンステインのコード理論を除けばほとんど見られない。また，ペローの言うように，「言語社会学」が社会学の一部門に属するという考えは，社会学者の間でも正しく認識されているとはいいがたい。例えば，社会学のすぐれた概説書『社会学と現代社会』（1978）の中には，一般的な社会学のトピックが数多く配されているが，ここでも「言語社会学」という名称はど

こにも出てこない。なお，ここで掲げられたトピックは次の如くである。

理論社会学	産業社会学	知識社会学	社会病理学
社会学理論	政治社会学	社会意識論	数理社会学
家族社会学	経済社会学	現代社会論	
農村社会学	法社会学	社会開発論	
都市社会学	教育社会学	社会福祉論	

　この分類方法は，現在でもそれほど異なっているとは思われない。今後は，「言語社会学」という独立した学問分野が，言語学の研究成果を援用し，社会学の領域から言葉に対するアプローチを試みることが必要となるであろう。

　一方，日本における本格的な社会言語学的研究は，「言語生活」という名称のもと，国立国語研究所を中心にして共通語化の研究から始まった。この研究の先駆けとなるのが，1949 年，福島県白河市で行なわれた言語調査である。この言語研究では，社会調査の手法を言語調査の中に組みいれ，大規模なデータ収集が行なわれている。そして，この後，「言語生活」に関する研究が様々な社会言語学的手法を用いて次々と試みられることになるのである。では，次に当時の代表的な研究成果を挙げておく。

　　「言語生活の実態 − 白河市および附近の農村における」（1951）
　　「地域社会の言語生活 − 鶴岡における実態調査」（1953）
　　「共通語化の過程 − 北海道における親子三代のことば」（1965）

　欧米の言語地理学の影響があったとはいえ，外国では，チョムスキーの生成文法に対して，社会言語学の学問分野がようやく言語学

界の間で認められようとした時代である。そのような時代において，欧米の社会言語学の研究に先駆け，このような言語調査に基づいた研究が日本ですでに大規模なデータを処理して行なわれていたことは特筆に価することであろう。ただし，この段階では，日本における社会言語学の研究もまだ体系的な理論を構築するまでには至ってはいない。なお，現代の社会言語学の研究トピックについては，真田（1992）の『社会言語学』の中で詳しく述べられている。真田の配したトピックは，次の通りである。

　属性とことば
　言語行動
　言語生活
　言語接触
　言語変化
　言語意識
　言語習得
　言語計画

　一方，欧米の社会言語学の概説書である P. トラッドギル（Peter Trudgill 1943～）の『社会言語学』（1974）では，次のようなトピックが配されている。

　言語と社会
　言語と社会階級
　言語と民族
　言語と性
　言語と場面
　言語と国家

言語と地理

　また，比較的新しい社会言語学の概説書として，J. ホームズ（1992）の『社会言語学入門』がある。この著書の中では，さらに詳しい分類がされている。

1. 多言語使用社会における言語選択
2. 言語維持と言語選択
3. 言語変種と多言語使用国家
4. 国家語と言語計画
5. 地域方言と社会方言
6. 性差と年齢差
7. エスニシティと社会ネットワーク
8. 言語変化
9. スタイル，場面，言語使用域
10. 言語機能，丁寧さ，異文化コミュニケーション
11. 性差，丁寧さ，ステレオタイプ
12. 言語意識

なお，欧米では，この種の研究については言語学者 J. フィシュマン（Joshua Fishman）が，「言語社会学」（the sociology of language）的観点から精力的な研究を進めている。ただし，フィシュマン自身も1970年の著書では表題に「Sociolinguistics」という用語を使っている。

5.2　地域的変種について

　社会言語学の研究論文の中では，時に「地域方言」（regional dialect）や「社会方言」（social dialect）いう名称が用いられる。しか

し,「方言」というとどうしても地域方言のことだけを連想しがちになるため,ここでは「変種」(variety) という概念を用いて論を進めていきたい。先述したように,方言に関する文献として,最も重要な著書は,民俗学者柳田国男の『蝸牛考』である。ここで,柳田 (1927) は,「方言周圏論」という独自の理論を展開して,方言についての学説を提唱している。この学説は,日本における「言語地理学」の研究の先駆けであり,方言の分布状況から,言葉の変化の実態がきわめて綿密な方法で検証されている。以下の図をみていただきたい。

図9から,「蝸牛」(カタツムリ) いう言葉には,「カサツブリ」,「マイマイ」などの様々な変種が存在していることが分かる。この図を詳細に考察すると気づくことだが,不思議なことに,同一の言葉があたかも波のように同心円状に広がりを見せている。まったく離れた場所で,同じ言葉が用いられていることは,きわめて興味深い現象といえる。おそらく,当時の京の都で流行った言葉も,人々の往来が激しい都市や文化の中心地では,次々と新しい言葉に変化していったことであろう。これは,現在の言葉の変化にも相通じる現象であり,東京などの都会では,次々と流行語が生み出され,やがては消えていく道をたどっている。しかし,現代のように,どれほどマス・メディアが発達した時代にあっても,依然として各地方の方言は生き続けているのである。このように,方言が同心円状に広がりをみせ,その結果,古形が辺境に残る現象が「方言周圏論」である。柳田自身は,当初,方言の研究のためにこのような言語の研究を始めたわけではないが,結果的には現在の方言研究の嚆矢ともいうべき論文として後の方言研究者に多大なる影響を与えることになった。ただし,方言の分布状況については,この理論のみで,解決できるものではない。この他にも,東条操 (1884〜1966) の「方言区画論」,金田一春彦 (1913〜2004) の「比較方言学」などの

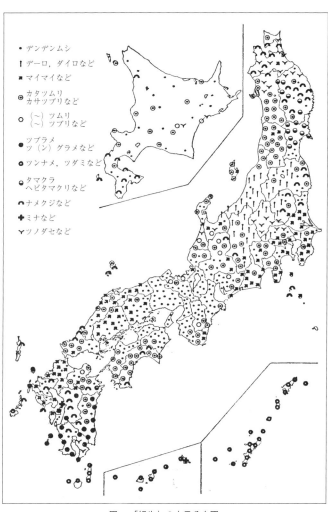

図9 「蝸牛」の方言分布図
徳川宗賢『日本の方言地図』より引用

学説を挙げることができる。

では、地域的変種以外に言葉の使い方を変化させる要因は何であろうか。性差（男ことばと女ことば）、世代間の差（若者ことばとお年寄りのことば）、職業差など、様々な要因が考えられるであろう。すでに、2章3節の「位相語」のところで述べたので、ここでは詳しく取り上げないが、従来、この種の学問は国語学の分野で「位相語」という概念で研究されてきた。しかしながら、言語学的観点からみると、「地域的変種」と対比させるためにも、「位相語」という名称より、「社会的変種」と呼んだ方が適当であるように思われる。

5.3 上下関係と連帯意識
　　——とりわけ二人称代名詞について——

本節では、敬語法における二人称代名詞の用法に焦点をあて、日本語とヨーロッパ諸語の場合を比較してみたい。

ヨーロッパ諸語の代名詞を歴史的観点から考察した論文には、社会心理学者ブラウン（R. Brown）とギルマン（A. Gilman）の社会言語学における代表的論考『上下関係と仲間意識の代名詞』（The Pronouns of Power and Solidarity）が知られている。直訳すると『権力と連帯の代名詞』となるが、文の意味を考え、power は「上下関係」と訳した。また、solidarity については、元々はポーランドの政党「連帯」を指す用語であったが、一般の読者にはなじみの薄い言葉であるため、ここでは「仲間意識」と訳すことにした。なお、この用語の訳については、湯川（1974）、井手（1988）は「連帯」、土田（1975）は「仲間意識」、南（1987）は、「親密関係」としている。

ヨーロッパ諸語における二人称代名詞は、上記の solidarity と power という二つの観点から使い分けが行なわれている。本来、単

言語名	T 型の代名詞	V 型の代名詞
フランス語	tu	vous
イタリア語	tu	Lei
スペイン語	tú	usted
ドイツ語	du	Sie
オランダ語	jij	u
スウェーデン語	du	ni
ノルウェー語	du	De
ギリシア語	esi	esis
ロシア語	ty	vy

(P. トラッドギル 1974 参照)

図 10 ヨーロッパ諸語の T 型の代名詞と V 型の代名詞

数形と複数形の区別しかなかったが，文法的範疇をこえてそれぞれが「くだけた用法」（T 型の代名詞）と「形式ばった用法」（V 型の代名詞）に変化しているのである。なお，ここで用いられている T 型の代名詞と V 型の代名詞は，フランス語の代名詞，tu（二人称の単数），vous（二人称の複数）に従って，一般的に T 型代名詞と V 型代名詞と呼ばれている。特に，最近の傾向としては，solidarity の要因の方がますます優勢になってきたため，相互的（reciprocal）な用い方がよくみられるようになってきている。

ここで，社会言語学者 P. トラッドギル（1974）の『言語と社会』における T 型の代名詞「くだけた用法」と V 型の代名詞「形式ばった用法」のヨーロッパ諸語を掲げることにする。

不思議なことに，インド・ヨーロッパ諸言語の中でも，英語にだけは，このような用法は存在しない。ただし，昔は英語の二人称代名詞の用法も，単数形 thou と複数形 ye が厳密に区別されていたが，現在では聖書などで用いられる以外は，ほとんど使用されることもなくなった。

上記のような言語特徴を考慮すると，インド・ヨーロッパ諸語に属する言語の中にあって，英語だけが比較的特異な言語であると考えることができる。では，現代日本語の場合ではどうであろうか。

二人称代名詞には「あなた」「君」「おまえ」「あんた」等など，実にたくさんのヴァリエーションがある言葉が用いられている。日本語と系統を同じくするといわれるアルタイ諸語にも，不思議なことにヨーロッパ諸語の用法ときわめて似た二人称代名詞の用法の使い分けがみられる。例えば，アルタイ諸語の一つであるモンゴル語の二人称代名詞は，元々単数形の či と複数形の ta という文法的機能をもった用法が存在した。しかし，現在では単数形の方は，ヨーロッパ諸語の用法と同様，上記の二つの形式が「くだけた用法」（T型の代名詞）と「丁寧な形式」（V型の代名詞）に使い分けられている。

このように，日本語の二人称代名詞は，インド・ヨーロッパの諸言語と比べて，多様な用法があるといえよう。一方，英語の場合も，他のインド・ヨーロッパの諸言語と比べて，二人称代名詞が統一している点で欧米の言語の中ではきわめて特異的な言語であるといえよう。

では，上記の power と solidarity 以外にも，どのような要因で言葉の使い方が変化するのであろうか。一つは，話し手と聞き手との関係以外に，両者の会話する「内容」「場面」によっても左右されるといえよう。

5.4 言語変化について

5.4.1 欧米における言語変化の研究について

言語変化の研究として，最もよく知られた論文に，W. ラボフ（William Labov 1927～）の「The Social Stratification of English in New York City」「ニューヨーク市における社会階層について」（1966）がある。ラボフは，この中でどの階級の人に「過剰修正」（hyper correction）という現象がみられるのか，社会言語学的観点から精密に検証している。ちょうど，下層中産階級（lower middle

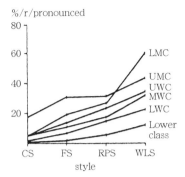

図 11　階級差とスタイルの違いによる /r/ の発音の例
伊藤克敏・牧内勝・本名伸行（1986）『ことばと人間−新しい言語学への試み−』より引用

class）の人たちが，少しでも自分たちの地位を上げようとし，威信（prestige）を獲得しようとするあまり「過剰修正」という現象を引き起こしてしまうことを指摘している。また，ラボフは，実際に car という単語を実例として検証している。つまり，元々は社会階級の低い人たちが用いていた巻舌音 /r/ が，いったん威信を獲得してしまうと今度は逆に下層中産階級の人たちが，少しでも地位を上げようとして，この巻舌音 /r/ を無理に用いようとすると述べているのである。

　図 11 は，/r/ の発音の例であるが，縦の列が階級差であり，横の列はスタイルの違いを表している。ここの階級差とスタイルの違い略語の名称は以下の如くである。

縦の列の階層差
　　UMC　Upper-middle class　　「上層中産階級」
　　LMC　Lower middle class　　「下層中産階級」
　　UWC　Upper working class　　「上層労働者階級」

5.4　言語変化について　　*91*

MWC	Middle working class	「中層労働者階級」
LWC	Lower working class	「下層労働者階級」

横の列のスタイル

CS	casual speech	「くだけた言い方」
FS	formal speech	「かしこまった言い方」
RPS	reading-passage style	「朗読のスタイル」
WLS	word list style	「単語表のスタイル」

　この図からも読み取れるように,lower-middle class「下層中産階級」に属する人が,formal speech「かしこまった言い方」,reading-passage「朗読のスタイル」,word list style「単語表のスタイル」の順に,緊張を強いられるような場面になればなるほど,少しでもかしこまった言い方をしようとするあまり,本来発音する必要のない /r/ を発音してしまうことが考察できる。これが,上記で述べた「過剰修正」という現象である。また,この研究で重要な点は,このような階層差に分類する方法は,ラボフ独自の言語観に基づくものでなく,すでに,社会学者によって分類されていた理論を援用したと考えられることである。例えば,社会学者 W. L. ウォーナー (1960) は,社会階級を次の6段階に分けている。なお,次の階級の用語については,杉之原 (1978) を引用した。

the upper upper class	「上の上」
the lower upper class	「上の下」
upper-middle class	「中の上」
lower middle class	「中の下」
upper lower class	「下の上」
lower lower class	「下の下」

しかし，このような社会階級を分類し，たくさんのインフォーマントを利用した社会調査法の研究は，日本の社会言語学の分野においては決してなじまないであろう。学歴，収入，職業等によって社会階級を分類することは，実質上不可能だからである。日本社会においては，何を基準にして社会階級を分類するのか非常に困難なことであり，階級差による社会調査法による研究は，現段階ではきわめて難しいと言わざるをえない。

　さらに，この論文において重要な点は，言語変化という現象が，決して自律的変化に基づくものではないという証左になることである。比較言語学の泰斗であるグリムの法則でみられたような「自然盲目的」な言語変化は，実際には存在しない。換言すれば，言語変化という現象は話し手の無意識のままに変化するのではなく，あくまで話し手の意志に委ねられているのである。19世紀の言語学の基本的なテーゼであった「言語有機体観」は，現実社会における言語現象と一致しない考え方なのである。また，先述した日本語のハ行音の音韻変化［P］＞［Φ］＞［h］も，決して自然法則的に生じたものではない。

　なお，社会言語学のデータ収集を用いた研究は，心理主義，主観主義を排した点において，アメリカの記述言語学の客観主義と，方法論的には，きわめて酷似しているといえよう。さらに，音が変化していくのは，音声自体が発音しやすいか否かとはまったく関係がない場合もあることにも留意しなければならない。第1章のところでも述べたが，言語学の用語に「調音労働の節約」という現象がある。もしそれで説明が可能なら，音声は全て発音のしやすい方向に向かうはずである。しかし，ラボフの研究によると，言語変化と社会階層には関連性があり，たとえ，発音の面で困難を伴うことがあったとしてもその音自体が威信をもった音価を獲得すれば，調音点の問題とは関係なく，言葉の変化が推進されることになるであろう。

5.4.2 日本における言語変化の研究について

　うつせみの世は常なしと知るものを秋風寒み偲びつるかも
　　　　　　　　　　　　　　　　　　　　　　　　　　（465）

　有名な大伴家持の『万葉集』に収められている歌である。仏教的無常観に基づいた思想が，この短い歌のなかに見事なまでに凝縮されている。この世の中で変化しないものは何ひとつない。そこでは「万物は流転する」という普遍的真理が説かれている。「言葉」も決して例外ではない。人が言葉を使う限り，言葉というものは音韻，文法，語彙のすべてにわたって変化していくのである。しかし，すでに述べたように，言葉の変化は自律的変化ではなく，あくまでそれを使う話者の意思に委ねられていることを忘れてはならない。

　ここでは，言語学的観点から「規範意識」「言葉の乱れ」「ラ抜き言葉」等について概観してみたい。では，一般的に規範的な言葉とは，一体どのようなことを指すのであろうか。私たちは，今一度，言葉の規範の問題について考えてみる必要があるだろう。言葉というものは，本来，言葉そのものに美醜は存在しないはずである。それにもかかわらず，方言と標準語の違いによって人は時に自分の言葉を恥ずかしく感じたりすることがある。問題なのはその言葉を使う話者の言語意識の方である。昔は，単なる流行り言葉であった語彙も，多くの人々が用いるようになり，国語の辞書に採用されるようになると，やがて，その言葉は立派な日本語の語彙としての威信をもつことになり，規範的な言葉として扱われるようになる。現在，『広辞苑』『広辞林』などの辞書に記載されている語彙も，多くの人々に認知されるまでは単なる流行り言葉の一種に過ぎなかった語彙も多数含まれているのである。しかし，いったん権威ある辞書に記載された途端，その言葉は言葉の規範の中に組み入れられてし

まう。私は，これまでいくつかの大学で，日本語の乱れ（ただし，この言葉も一般的にそのような名称で呼ばれていることを断った上で）について自身の考えを述べよ，という題目でレポートを書いてもらっている。意外なことに，流行に敏感なはずの若年層でも「日本語は乱れている」という解答をする人が多い。レポートという形式であるから模範解答を書こうという意識が働いたのかもしれないが，若い人の間でも，こと言葉に関しては，規範意識をもった保守的な考えの人が多いようである。現実社会では，政治革命はあっても，「言葉」の革命と称されるものがないように，ある言語集団が語彙の変化を社会的に認知するまでは，なかなかの困難を要するものなのである。E. サピアは，構造言語学者の間では，珍しく「心理」という側面を重視した研究者であったが，「言葉」の変化について，drift「駆流」という概念で説明しようと試みている。drift「駆流」とは，言語というものは，時間の流れにしたがってある一定方向の類型に変化していくことである。

　例えば，ラ抜き言葉について，言語学的観点からごく簡単に説明すれば次のような解釈ができる。まず，一段活用の「食べる」の場合であるが，「食べられる」と「食べれる」という言葉が現在では共存して用いられている。これを，ローマ字化し，taberareru と tabereru の二つの言葉を対照させてみると，その差異は一層分かり易くなる。「食べられる」の場合，r 音が三度続くこととなり，言葉の経済性からするときわめて効率が悪いことになる。今一つの理由は，「食べれる」という言葉は可能表現しか用いられないことである。「れる・られる」には，一般的に，次のような用法がある。

　　先生が今日東京へ行かれる。（尊敬）
　　猫に魚を食べられる。（受身）
　　故郷がなつかしく偲ばれる。（自発）

このケーキは，最後まで食べられる。(可能)

　最後の用法の場合，疑問文にすると次のようになる。
「このケーキは食べられますか」という疑問文では，相手に対する「尊敬」なのか「可能」の表現なのか明確に区別できない。特に，書き言葉にすると，その場の状況が分からないため，いっそう不明確にならざるをえない。しかし，「このケーキは食べれますか」に変えると，可能表現であることがすぐに認識できる。文章の明確さや，誤解を招くことのない点でも，ラ抜き言葉のほうがはるかにコミュニケーションがとり易いといえよう。さらに，このような表現が出てきた原因として「類推 (analogy)」という言語現象も見逃せない。五段活用の「読む」と一段活用の「食べる」の場合を比較してほしい。

　　yomu　yomareru　yom + areru　「読まれる」
　　taberu　tabereru　tab + ereru　「食べれる」

　五段活用の「読む」の場合，yom が語幹となり，areru が語尾となっている。一方，「食べる」の場合は，普通は tabe までが語幹となるが，これが「読む」と同様に tab までを語幹と見てしまうと，後は ereru という語尾となり，五段活用が母音交替しているに過ぎないとも考えることができる。
　以上，言語学的観点から，ラ抜き言葉の現象を取り上げてみたが，この語彙の変化だけを見る限りではこの言語変化の問題もさほど重要な問題ではないような気もする。しかし，現段階の国語審議会では，まだこのような言葉の変化を認めてはいない。「乱れ」か「変化」か，あるいは，さらに一歩踏み込んで「進化」とみるかは，言葉そのものより言葉を使う人の側の言語意識にかかわる問題

と考えるべきであろう。人は，成長していく過程で，現実社会に対応していくために，様々な教育をうけ，どうしても社会化 (socialization) されていかなければならない。各人が，自分たちの個性を主張するあまり，勝手な行動をとってしまっては，現実の社会の中では，組織としては成り立たない。このような社会的状況に対して，「言葉」も決して無縁ではいられないのである。人は，言葉を使う限り，方言をはじめ，言葉というものに何らかの言語意識をもつようになる。そして，言葉に対して規範意識をもつことによって，ある種，安心感のようなものをもつことができるのである。ただし，言葉の規範というものは決して変化することはないのに，言葉の体系には常に「変化」という可能性が内包されている。筆者自身は，「言語学」を専門にしているためか，「ラ抜き言葉」に関しても，この現象が言語学的観点からは当然の帰結であると説明したいが，実際には，教育上の配慮から「規範」との兼合いも考慮しなければならないというジレンマに陥ることがある。人は，誰しも何らかの「規範」というものがないと，不安になることがある。ベストセラーとなった大野晋の『日本語練習帳』(1999) が，専門的な著書にもかかわらずあれほどの部数が売れたことも，自身の文章表現力を何かで確認したいという意識の表れではないだろうか。つまり，読者自身が文章の書き方の「規範」を同書に求めたのであろう。人は，何かよるべきものがないと不安になるものである。国語にかかわる文章の規範とは，「辞書」をはじめとする「文章読本」「手紙の書き方」等の本である。しかし，「規範」ということを意識しすぎると，かえって，「言葉」に対する自由な発想を貧弱にしてしまう恐れがあることも決して忘れてはならないであろう。

〈問題〉

1. 「ら抜きことば」について説明した後,言語学的観点からみた場合,この用法には,どのような点で効率的な面があるのか論じなさい。

2. 現代の社会言語学がどのような研究テーマ(言語変化,言語計画等)を扱っているのか,文献を使って調べなさい。

3. あなたの故郷の地域方言の言語特徴を音韻,形態,文法の面から,色々な資料を利用して,説明しなさい。

4. 若者言葉をできる限り多く集め,どのような言語特徴があるのか,言語学的に分析しなさい。

6. 幼児の言葉の獲得について

6.1 言葉を獲得するメカニズムについて

　幼児はいかにして自分の言葉を覚えていくのだろうか。考えてみるとこれほど不思議なことはない。喃語から始まって,「ブーブー」「マンマ」などの一語文期,そして二語文期を経て,次第に文法的な文まで話せるようになる。これほど能率のよい言語の習得方法があるだろうか。このメカニズムを解明しようと,これまで懸命に,多くの言語学者や心理学者が様々なアプローチを試みてきたが,未だ完全にはそのメカニズムは証明されてはいない。本節では,主に言語学的観点からこれまでどのような研究がなされてきたのか概観してみたい。

　まず,幼児の言葉の発達過程についてみていくことにする。

鳩音（cooing）

　軟口蓋音［k］,［g］,高母音［i］,［u］の音を用いた単語が多い。幼児が満足したときに発する声が,鳩が泣くような声「クークー」であることに由来する。音節構造は CV であることが,ほとんどであることから,次の喃語の CVCV–という音節構造の前段階であると考えることができよう。

　生後 1 ヶ月半から 2 ヶ月

喃語（babbling）

　［baba］,［dada］などの同一音節が用いられることが多い。ただし,この段階ではまだ何らかの意味をもった言葉は発せられていな

い。

生後 6 ヶ月頃

一語文期（one-word utterance period）

　直訳すれば，一語発話期となるであろうが，ここでは従来の呼称である一語文期と訳すことにする。「マンマ」「ワンワン」「シーシー」等，一般的に幼児語に分類される言葉が一語で発せられる時期である。

満 1 歳頃

二語文期（two-word utterance period）

　二語の言葉を組み合わせるが，語彙数も少なく，完全な文法的な文章を形成することはできない。「マンマ，ブーブー」などの例があるが，この文だけでは一語文期の例と何ら変わらないような印象を与える。しかし，実際は，文末の音調を変化させることによって，一語文期の場合と区別されていることが分かる。

1 歳半から 2 歳頃まで

多語文期（multi-word utterance period）

　これ以降の時期については，三語文期などに分類する研究者もいるが，二語文期以降の時期に，それほど際立った言語特徴がみられないことから，筆者は多語文期として取り扱うほうがよいと考えている。

　以上，幼児の言語獲得の時期について概観してみたが，なぜそのような言葉を発するのか，未だ解明されていない問題も数多く残されている。今後は，言語学，心理学などの多方面の研究成果のアプローチが望まれるであろう。

6.2　生　　得　　説

　この問題に対して，直接の解答を導きだした学説ではないが，言

語学者 N. チョムスキーによると，人間には，元来，LAD (language acquisition device)「言語獲得装置」が備わっており，必要な一時的言語データを与えてやることにより，この能力を開花させてやることができるというのである。図示すると，次のようになる。

    インプット   アウトプット
  Primary linguistic data→LAD（言語獲得装置）→実際の発話
  （一次的言語データ）

　なるほど，確かに，子供が自然に言葉を覚えていくプロセスはこれに似ている。子供は，すべての単語の使い方を習ったわけではない。しかし，統語的にも，おかしい話をするわけではない。むしろ，私たちが第2言語を学習する場合と違って，見事とも思えるほどの言葉を話すことができる。このように，人間にはもともと言語を習得する装置のようなものが内在しているという「生得説」が成り立つわけである。チョムスキーの理論である生成文法（generative grammar）という名称は，有限の言語資料から無限の文を生成する（generate）ことに由来しているのである。チョムスキーの言うように，人間には，生来，言語を獲得する能力があるという考え方は，心理学者の間でも同調する研究者は少なくない。特に，心理学者 E. レネバーグ（Eric Lenneberg 1921〜75）は，基本的にはチョムスキーと同じ言語観をもっている。ただし，レネバーグの場合は，言語の習得可能な時期には限界があり，この時期を，臨界期（critical period）と呼んでいる。もし仮に，この時期に母語を習得しないと，それ以降は，母語話者と同程度に言語を獲得することはきわめて困難な状況になることを指摘している。一方，この「生得説」以外にも，人間が言語を獲得できるのは後天的に学習することによるものであるという学説も提出されている。この学説は，一般的に

「経験説」と呼ばれているが，新行動主義心理学者のB. F. スキナー（Burrhus Frederic Skinner 1904〜1990）などは，プログラム学習という理論を提唱し，実践している。その基本的概念の特徴は，帰納主義的であり，外的な働きかけを重視しているところである。言語学の分野と比べれば，おおむね構造主義の言語観と酷似しているといえるであろうか。ここでは詳細に述べることはしないが，チョムスキーは，このスキナーの経験説に対しても厳しい批判を行なっている。

6.3 「生産性」（productivity）とはなにか

言語学者C. ホケット（Charles Hockett 1916〜）は，言語によるコミュニケーションの重要な要素として，「生産性」（productivity）という特徴を挙げている。考えてみれば，人間にだけ言葉を話す能力が備わっているということは，実に不思議なことである。では，オウムは，なぜ人間の言葉を真似できるのか，これを不思議に思う人も多いことであろう。人間の言葉とオウムの言葉との根本的な違いは，何といっても，言語の生産性の問題である。オウムがいくら言葉を話せるといっても，文字通りオウム返しの繰り返しにすぎない。先述したように，チョムスキーは，人間には，有限の言語資料から，無限の文を生成する（generate）能力が先天的に備わっていると指摘した。言語の生産性とは，必要な言語資料のみでまったく新しい文を創り出す能力が，生来的に人間に内在しているということである。チョムスキーは，また次のような文を例示して，人間には文を新しく生成すると同時に，非文法的な文章を排除する能力も先天的に有していることを指摘している。

'Colorless green ideas sleep furiously'

あえて，この文章を訳そうとすれば，「無色の緑の思いが猛烈に眠る」とでもなろうか。もし，この文章を子供に見せれば，どこが間違いか分からなくとも，即座に違和感のある文だと気づくことであろう。このように，人間の先天的な言語能力には新しい文を生成すると同時に，非文法的な文章をも排除する能力が内包されているのである。

さらに，人間の言語構造にとって今一つ重要な言語特徴が分節性（articulateness）である。この理論について詳しい記述をしたのが，A. マルチネ（André Martinet 1908〜1999）である。マルチネは，人間が音の連鎖を言語として認識できるのは，二重分節（double articulation）という言語機能を有しているからだとみている。第一次のレベルが何らかの意味を担っている形態素（morpheme）（ただし，マルチネ自身は「記号素」という言葉を用いている）に，そして第2次のレベルが音素（phoneme）に分けることができるということである。このように，分節されたレベルのものが統合され，一つの文法的な文章として成立しているのである。この二重分節こそが，動物には決してみられない，人間独自の言語特徴ということができるであろう。

〈問題〉

1. 子どもは，どのような方法で言語を獲得していくのか，その過程を詳細に説明しなさい。また，これまでどのような学説が提唱されてきたのか，まとめなさい。

2. 言語を獲得する上で重要な時期である「臨界期」に関わる研究成果を調べ，この時期について詳述しなさい。

3. 言語学における「生産性」の観点から，人間だけが「ことば」を話すことができることを論証しなさい。

4. 二重分節とは何か，説明しなさい。

7. 日本語の系統論
——日本語はどこから来たのか——

7.1 代表的な系統論説について

　日本語の起源については，誰しもが一度は関心をもつ話題であろう。これまで数多の言語学者が，様々な言語学的手法を用いて，この問題の解明に取り組んできた。しかし，依然として日本語の系統論の問題は謎のままである。諸外国の語源研究に関していえば，1866年にすでに，パリの言語学協会が言語起源については，今後一切受け付けないことを決定している。それでも，なお人々の言語起源に対する関心は高く，ソシュール（1916）の『一般言語学講義』（Cours de Linguistique Générale）が出版されるまで，歴史言語学こそが真の言語学であると考えられてきた。勿論，ここでいう「歴史言語学」とは，比較言語学的手法を用いてインド・ヨーロッパ語族の祖語の再建を試みた研究方法のことである。日本においても，言語の起源についての関心度は現在でも相変わらず高い。ここでは，これまでの代表的な学説を列挙し，筆者自身の私見を交えて，考察していきたい。

ウラル・アルタイ語族説　藤岡　勝二（1908）「日本語の位置」『國學院雑誌』

　本格的な日本語系統論の研究が始まるのは，この藤岡勝二（1872～1935）の「日本語の位置」と考えてよいであろう。ただし，藤岡自身は，当初は日本語の起源の解明を目的としていたわけではな

く,「アーリア語」起源説をとっていた英文学者平井金三の学説に対する反駁として,講演形式でこの学説を発表したのであった。しかし,現在ではこの論文は日本語系統論の嚆矢として,日本語系統論に関する論文にも度々引用されている。なお,現在の言語学会では,ウラル語族とアルタイ諸語は明確に区別されている。このうちウラル語族は,さらにフィン・ウゴル語派(フィンランド語やハンガリー語がこの語族に属している)とサモイェード語派に分類することができる。

　一方,アルタイ諸語(筆者自身は,アルタイ語族と呼ぶべきだと思うが,ここでは従来通りの名称に従って,アルタイ諸語としておく)には,モンゴル語,チュルク諸語,満州・ツングース語などが属している。アルタイ諸語が語族として成立するのか否かという問題は,アルタイ説をとる言語学者 N. ポッペ(Nicholas Poppe 1897～1991)とアンチ・アルタイストの間でこれまで様々な論争が繰り広げられてきたが,この問題は未だ解決を見るには至っていない。ここでは,この問題について詳しく論述することは避けるが,筆者はアルタイ説が成立する可能性は充分あると考えている。

朝鮮語説　金沢庄三郎(1929)『日鮮同祖論』刀江書院
　金沢庄三郎(1872～1967)の『日鮮同祖論』は,日本語と朝鮮語の同系論として広く知られている。ただし,この説には明らかに日本語からの借用語とみられる語彙が多く,当時の社会的状況を考慮すれば多分にイデオロギー性の強い論文であると考えられる。この論文以外にも,京城帝国大学教授から後に東京帝国大学教授になった小倉進平(1882～1944)や朝鮮語学者河野六郎,長田夏樹,服部四郎等の優れた論考がある。また,村山七郎(1908～1995)は「日本語及び高句麗の数詞」のなかで,日本語の数詞と高句麗の言葉の数詞を比べ,両言語の中に似た単語がいくつか存在していることを

指摘している。例えば，日本語の「mitu」と朝鮮語を漢字表記した「密」，また日本語の「nana」と同じ漢字表記をした「難」である。しかしながら，傍証となる数詞の語彙はこれぐらいで，高句麗国の滅亡とともにこの立証はきわめて難しいこととなった。なぜなら，現在の朝鮮語と直接の祖先に当たる言語は新羅の言語だからである。当時の日本と朝鮮との文化史的交流を考えると，日本語との類縁性が最も深いと予想できるが，現在までのところ，日本語の系統論との関係は解明されてはいない。

レプチャ語説　安田德太郎（1955）『万葉集の謎』光文社

　1950年代，医学博士安田德太郎が，日本語の起源はレプチャ語にあることを唱えた時には，一般の人々にもセンセーショナルな反響を及ぼした。しかしながら，現在の言語学界ではこの言語と日本語との系統論はまったく論拠のないことと考えられている。言語学の系統論を考える際には，比較言語学的観点から音韻対応の一致が必須となるが，この著書の中では日本語の基礎語彙との音韻対応の比較が充分に説明できていない。しかしながら，安田自身が言語学の専門家でなかったことも学説の反論の一因となったことも否めない事実であろう。その後，日本語とレプチャ語との系統を扱った論文は出ていない。

アイヌ語説　服部四郎（1957）「アイヌ語の研究について」『心の花』700号

　日本語とアイヌ語との関係については，金田一京助（1882〜1971）が『アイヌ叙事詩ユーカラの研究』（1932）をはじめ数多くの研究業績を残している。とりわけ，文字をもたない言語にとって音声言語というものがどれほどの重要性をもっているのか，アイヌ語は大きな示唆を与えてくれる。日本社会の中では，多くの人が日

本語を母語としているが，アイヌ語を母語としている人にとっては，日本語はあくまで母国語であって，母語ではない。このように，アイヌ語は，「言葉」と「社会」との関係をわたしたちに喚起させてくれる好個の例ともいえよう。本書の著者である服部四郎はアルタイ学が専門であるが，この著では，日本語とアイヌ語の同系の可能性を言語学的観点から模索しようとしている。ちなみに，服部はアイヌ語以外にも琉球語と日本語との系統関係についても研究し，言語年代学の立場からアプローチしている。類型論的にみてもアイヌ語は日本語とは異質な言語特徴をもっている。例えば，アイヌ語は「被限定詞＋限定詞」の語順をとり，日本語とはまったく逆の統語的関係にある。しかし，日本語との類縁性を想起させる言語特徴もあり，一概に日本語との系統関係を否定することはできない。後に，同じアルタイ学が専門の村山七郎（1992）が『アイヌ語の起源』の中で日本語とアイヌ語との関係について言及したが，今後はさらに日本語との系統論を研究する余地が残されている言語領域といえよう。

チベット・ビルマ語説　西田龍雄（1976）「日本語の系統を求めて－日本語とチベット・ビルマ語－」（『言語』5巻6-8号）

　日本語の身体名称には，「目」，「耳」，「鼻」など一音節もしくは二音節からなる言葉が多い。この点も，上記の言語と似ている特徴である。また，チベット語には，敬語法が大変発達しており，日本語と酷似している点も多い。しかし，昔のように日本語だけが敬語法をもつ特異な言語と考えられていた時代と違って，現在ではあらゆる言語に敬意表現が存在していることを考慮すると，敬語法の存在が，直接日本語の系統論と結びつくとは考えられない。また，チベット・ビルマ語も声調言語であり，日本語の音節構造とはまったく異なる音節構造を有している側面もみられる。今後は別の言語特

徴も取り上げ，さらに詳細な研究を続けることが必要となってくるだろう。

タミール語説　大野　晋（1994）新版『日本語の起源』岩波新書
　国語学者大野晋は，ベストセラーともなった『日本語練習帳』（岩波新書，1999年）の著者としても知られている。大野氏の日本語とタミール語との系統関係の学説は，未だ言語学界では受け入れられる状況には至っていない。タミール語とは，インドの南部に位置する言語であり，語族としてはドラヴィダ語族に属している。大野氏以前にも，日本語とタミール語との系統関係については，藤原明，芝(しば)烝(すすむ)の両氏がその存在を指摘している。

　上記に掲げた以外の代表的な研究論文を掲げると，以下の如くである。
新村(しんむら)　出(いずる)（1911）「国語系統の問題」『太陽』17巻1号
白鳥庫吉（1936）「日本語の系統－特に数詞に就いて」岩波講座『東洋思潮』岩波書店
金田一京助（1937）「国語とアイヌ語との関係－チェンバリン説の再検討－」『日本文化史論叢』中文館書店
泉井久之助（1953）「日本語と南島諸語－系譜関係か，寄与の関係か－」『民族学研究』17巻2号
江(ごう)　実(みのる)（1974）「アルタイ言語学とオセアニア言語学との接触－日本語の起源を中心として－」『言語』3巻1号
小澤重男（1969）『古代日本語と中世モンゴル語－その若干の単語の比較－』風間書房
D. ポリヴァーノフ（Polivanov, D.）（1976）『日本語研究』弘文堂　村山七郎編訳

7.2 日本語とアルタイ諸語の関係

この節では，日本語とアルタイ諸語の類縁性について考察してみたい。筆者は，本書を上梓する前に，多くの国語学，言語学関係の概説書に目を通したが，ほとんどの著者は，今後，日本語系統論が解明される可能性に対して懐疑的な見解を示している。例えば，国語学者築島裕は，『国語学』の第八章「日本語の系統」のなかで，この問題について次のようなことを述べている。

> 日本語が他の言語とどのような関係にあり，又，どの語族に所属するものであるかは，明治以来多くの学者の研究して来た問題であって，種種の多くの説が提出されたが，未だ確定的な結論を見るに至っておらず，又，将来の見通しについてもその解決は極めて困難であると言わざるを得ない。

確かに，インド・ヨーロッパ語族を比較言語学観点から解明することができたのは，膨大な量の年代の古い文献が現在に至るまで残存していたからである。それに比べ，日本語の場合には，『古事記』（712），『日本書紀』（720），『万葉集』などの一連のまとまった文献が現れるのは，上代からである。一方，アルタイ諸語に属するモンゴル語の資料についても，最も古い文献は1225年のイェスゲイ碑文である。その後，本格的な言語資料は，次の『元朝秘史』の成立まで待たねばならない。ただし，トルコ語の場合はさらに古い文献である突厥文字（キョルティギン碑文（732），ビルゲ・カガン碑文（735））が存在している。ただし，これとても，インド・ヨーロッパ語族の紀元前1700年以上の歴史を持つ作品群とは比べようがない。しかし，筆者自身はさらに研究が進めば，きっと日本語とアルタイ諸語との関係が明らかになるのではないかと考えている。例え

ば，契丹文字（大字，小字）などの資料は，モンゴル文字よりも遥かに古い時代の文献ではあるが，未だ完全には解明されてはいないし，この文献の中の語彙にはアルタイ諸語の要素がみられる。

なお，日本語とアルタイ諸語との類縁性に関する学説以外にも，他の言語との混交から現在の日本語が成立したという説も存在している。つまり，アルタイ諸語などの北方的要素と，オーストロネシア語などの南方的要素（言語学者泉井久之助（1905〜1983）が，かつてこの問題について精力的な研究を進めていた）との雑種（ハイブリッド）から日本語が成立したという学説のことである。この問題の真偽については未だ明解な結論は出ていない。また，この学説が受け入れられたとしても，果たして基層言語となるのはどちらの言語なのか疑問は残る。現在の学説では，オーストロネシア語などの南方的要素が基層言語となり，これにアルタイ諸語などの北方的要素の影響があったと見る向きが強い。ここでは，特に，アルタイ諸語の言語特徴に注目し，日本語とアルタイ諸語の類縁性についてのみ焦点を絞り，論考を深めていきたい。

まず，前節の藤岡勝二のウラル・アルタイ説を参考にしながら，日本語とアルタイ諸語との関係について考察していきたい。ただし，先述したように，現在では，ウラル語族とアルタイ諸語は別系統に考えられていることに注意しなければならない。（ウラル・アルタイという名称は，当時は M. A. カストレン（Matthias Alexander Castrén 1813〜1852）や H. J. von クラプロート（Heinlich Julius von Klaproth 1783〜1835）などの欧米の言語学者が用いていた）また，両言語を比べながら，日本語学に関する用語についても説明していきたい。次に掲げるように，東京帝国大学文科大学博言学科（当時の名称は「言語学科」でもなく，「国文学科」でもなかった）を卒業し，後に東京帝国大学の教授となった藤岡勝二は，日本語とウラル・アルタイ諸語の類似点を以下の14の項目に分類した。ここで

は，この14項目の類似点を参考にしながら，筆者の私見も交え，日本語とアルタイ諸語の類縁性について考察していきたい。

①語頭に連続して子音が来ることを避ける傾向がある。

この例は，日本語と英語の音節構造の特徴を考えると分かり易い。基本的に開音節言語である日本語（ただし，撥音／N／だけは子音終わりであり，例外である）と閉音節言語である英語は，まったく異なる音節構造の体系を有している。

　英語　　　　　　日本語
　　　CCV-　　　　　　CVC-
　glass［glæ：s］＞　グラス［gurasu］

英語の場合は，音節という概念が用いられるが，日本語にはモーラ（仮名文字1字分がこれに該当する。ただし，拗音はこれに含まれない）という概念が存在している。上記の導入経路から分かるように，英語からの借用語彙の子音間に，母音が挿入されている。

同様に，このような子音連続（consonant cluster）は，中世モンゴル語でも避けられる傾向にあった。

　サンスクリット語　　　モンゴル語
　CCV-　　　　　　　　　CVC-
　braman　　　　　　　　biraman「バラモン」

②語頭にr音がこない。

この現象は，日本語とアルタイ諸語の両言語にきわめて顕著にみられる言語特徴である。2章でも述べたように，日本語の語彙は，和語，漢語，外来語，混種語に大別できるが，和語すなわち「大和ことば」には，r音で始まる音は存在しない。これは，アルタイ諸

語でも同様で，現代モンゴル語でも「ロシア」のことを opoc（オロス）と呼び，初頭に母音が挿入されている。井上靖（1907～1991）の代表的な小説『おろしあ国酔夢譚』でも，「ろしあ」ではなく，前項に母音を添加し，「オロシア」となっている。

③母音調和（vowel harmony）が存在する。

母音調和とは，同じ単語のなかで，男性母音と女性母音が共存しないことである。藤岡が，当時この14項目の諸例を掲げ講演を行った際には，まだ日本語にも母音調和に似た存在があることが知られていなかった。しかし，その後，国語学者橋本進吉（1917），有坂秀世（1932），池上禎造（1932）などの精緻な研究によって，日本語にも母音調和に似た現象があることが解明されるようになった。母音調和の発見のきっかけとなったのは，『記紀・万葉』の文献の中に，一定の音に対して漢字表記の書き分けが見られたことである。この研究に熱心に取り組んだのは，先に挙げた橋本進吉である。橋本は，膨大な文献を整理し，「キヒミケヘメコソトノヨロモ」（ただし，モは『古事記』のみである）という音に対して，文字の峻別がみられることを指摘した。橋本の分類法は，この使い分けに，甲類，乙類という用語を使用し，それぞれの類に属する漢字の

ア行	ア			イ		ウ	エ		オ			
カ行	カ	キ(甲)	キ(乙)			ク	ケ(甲)	ケ(乙)	コ(甲)	コ(乙)		
サ行	サ			シ		ス	セ		ソ(甲)	ソ(乙)		
タ行	タ			チ		ツ	テ		ト(甲)	ト(乙)		
ナ行	ナ			ニ		ヌ	ネ		ノ(甲)	ノ(乙)		
ハ行	ハ	ヒ(甲)	ヒ(乙)			フ	ヘ(甲)	ヘ(乙)	ホ			
マ行	マ	ミ(甲)	ミ(乙)			ム	メ(甲)	メ(乙)	モ			
ヤ行	ヤ					ユ	エ		ヨ(甲)	ヨ(乙)		
ラ行	ラ			リ		ル	レ		ロ(甲)	ロ(乙)		
ワ行	ワ			ヰ			ヱ		ヲ			

図12 五十音図における甲類と乙類の分類

表記法を整理し、詳しい考察を行なっている。なお、この分類を体系的に記述すると図12のようになる。

ただし、ここでは濁音の諸例については省くことにする。

日本語の起源については、橋本以前にも、数多の学者たちが関心を抱いていた。すでに江戸時代に、本居宣長や、その弟子にあたる石塚龍麿が、『仮名遣奥山路』3巻の中で、「記紀・万葉」の文献には一定の音にだけ文字の使用法に区別があることを指摘していた。さらに、奥村栄実（おくむらてるざね）は『古言衣延弁』の中で、ア行のえ段とヤ行のえ段には仮名の用法上に違いがみられることに気づいていた。しかしながら、この段階では、まだ不十分な理論構成に過ぎず、学問的で体系的な研究にまでは至らなかった。この本格的な研究が始まるのは、橋本進吉からと考えてよいであろう。

橋本進吉の研究方法はあくまで帰納主義的である。橋本が、L. ブルームフィールド（Leonard Bloomfield 1887～1949）の『言語』(1933) を参考にしていたかは詳らかでないが、北米アンチメンタリズムが一切のアプリオリを除外し、心理主義の克服を試み、眼前の言語資料にのみ没入する研究姿勢－ただし、記述言語学においては、オトそのもの－と、国語学者橋本進吉の膨大な資料に対する研究姿勢とは相通じるところがある。橋本以降の研究については、有坂秀世（1908～1952）の「古事記に於けるモの仮名の用法について」『国語と国文学』第9巻第11号と、池上禎造（1911～2005）の「古事記に於ける仮名「毛・母」に就いて」『国語国文』第2巻第10号が同時期に発表されているが、ここでも次のような言語特徴がみられ、母音調和の特徴の名残がみられる。

（ⅰ）öはoと同一の語根内に表れることはない。
（ⅱ）öはa, u, と同一の語根内に表れることは少ない。

アルタイ諸語のように，完全に母音調和の規則を堅持しているわけではないが，おおむね母音調和の規則に従っている。ここで，注意すべき点は，本当に母音調和は存在していたのか，否かである。言語学者松本克巳（1984）は，この問題に関して，古代日本語の八母音は，異音（allophone）に過ぎず，音韻体系としては五母音であった可能性を示唆している。この母音の問題については，今後も検討する余地が残されているであろう。

④冠詞（article）が両言語にもみられない。
両言語ともに，冠詞という品詞が存在していない。

⑤文法上の性（gender）がない。
一般的に文法的カテゴリーには，性（gender）・数（number）・格（case）が含まれているが，このうちインド・ヨーロッパ語族に属する言語には，名詞に性の区別が存在している。ただし，先述したように，例外的に現代英語にはこのような性の区別は存在していない。

例えば，ドイツ語には，次のように名詞に性の区別が分類されている。

男性名詞　　　女性名詞　　　　　中性名詞
der Mann「男」　die Sonne「太陽」　das Haus「家」

ただし，ここでいう「性」（gender）とは，あくまで文法上の区別のことを指している。単語の意味と，対応する名詞の性の区別とはまったく別物である。ちなみに，ドイツ語の Weib「妻」は，中性名詞に分類されている。

このような名詞の性の区別は，日本語もアルタイ諸語にもまった

く存在しない。

⑥膠着語的性格を有する。

日本語もアルタイ諸語も,「テニヲハ」の接辞を付着させることによって,一つの文章が構成されていく。アルタイ諸語では,この「テニヲハ」を,「位格（locative case）」,「与格（dative case）」,「対格（accusative case）」,「主格（nominative case）」と呼び,膠のように文章が連ねられて,一つの文章を形成していく。

例として,モンゴル語の行文とその転写（transcription）と日本語訳を掲げることにする。

日本語とモンゴル語とも,統語的にもきわめて似た特徴を有していることが分かるであろう。

なお,原文はI. J. Schmidtの「*Grammatik der Mongolischen Sprache*」.St. −Petersburg（1831）の中の一文である。本文中の内容については,柿木（2000）を引用した。

```
ⅰ) bi    öber-ün   nigen  üile-yin  tula   oi-dur  oduγad
    私は  自ら の   ある   用事  の  ために  森 に  出かけて
ⅱ) kereg-iyen  bütügejü  üdtere  iresügei   kemen  ögüleged
    自分の用事を  すませて  すぐに  戻ってきたい  と  話して
```

以下に,文法的機能をもつ接辞のみ記すことにする。
　格語尾
　　与位格（dative‾locative） ‐ dur
　　属　格（genitive） ‐ yin, ün
　動詞の語尾変化
　　結合副動詞　‐ jü
　　分離副動詞　　‐ γad/-ged
　　命令希望形　‐ sügei

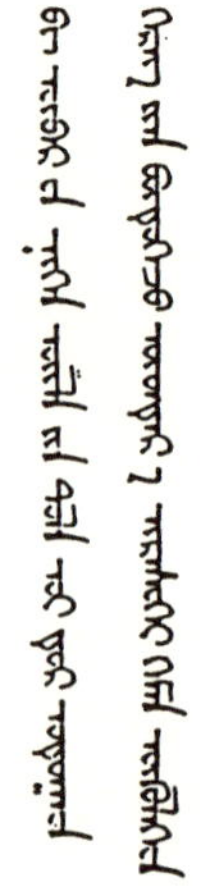

図 13

⑦動詞の接辞は語幹に付く。

⑧代名詞による変化が接尾辞によって構成されていく。

⑦と⑧に関しては,日本語もアルタイ諸語も膠着語的性格であることに由来する。

⑨ともに,後置詞(postposition)が用いられている。
　日本語もアルタイ諸語もともに,SOV型言語に属し,後置詞が用いられる。
　この言語特徴に関しては,3章3節に詳しい説明を譲ることにする。

⑩「……をもつ」ではなく,「……に……がある」という表現法が好まれる。
　日本語の翻訳でも,この言いかたが好まれる。次の英文も日本語の訳では「彼には三人の子供がいます。」の方が適訳であることは言うまでもない。直訳で,「……をもつ」と訳するのは,日本語の干渉が原因である。

　He has three children.

⑪形容詞の比較の用法が似ている。
　英語の場合は,形容詞の比較の用法が変化することがあるが,日本語の場合は,特に形容詞が変化することがない。アルタイ諸語の場合も同様で,「奪格」(ablative case)という格(日本語の「……より」に相当する)が用いられる。

⑫疑問文は，文末に疑問を表す助辞を付けることによって作られる。

日本語もアルタイ諸語も，疑問を表す助辞を付けることによって，疑問文が作られる。

⑬接続詞の使用が少ない。

この項目については，日本語の言語特徴を考えると，分かり易い。

例えば，次のAの文は，Bの文のように，特に接続詞を用いなくとも表現できるはずである。

　A　雨が降ってきた。しかし，あいにく今日は傘を持っていない。
　B　雨が降ってきたが，あいにく今日は傘を持っていない。

⑭「限定詞」+「被限定詞」の語順がとられる。

両言語とも，基本的に「限定詞」+「被限定詞」の語順がとられる。

これに対して，フランス語やイタリア語のロマンス諸語はまったく逆の語順がとられている。

Mont blanc（山＋白い）「フランス語」
Monte bianco（山＋白い）「イタリア語」

このような語順をとるのは，なにもインド・ヨーロッパ語族に属する言語だけに限らない。シナ・チベット語族に属するチベット語，さらに系統が未だ明らかでないアイヌ語も同じ語順である。英語の場合は，修飾節が長い場合は別だが，基本的には日本語やアル

タイ諸語と同じ語順がとられている。日本人が初めて外国語に接するのは、多くの場合英語だと思うが、インド・ヨーロッパ語族に属する言語の中で、上述したように英語には、性の区別もなく、「限定詞」+「被限定詞」の語順をもつ。このような点においては、英語の言語特徴は、日本人にとってきわめて学びやすい言語特徴を有しているといえる。何度も繰り返すが、絶対的に「難しい言語」などは存在しないのである。母語話者にとって、学習する言語と母語が、言語特徴の面でどれほどの隔たりがあるかが問題なのである。

　以上、藤岡勝二の14の項目を参考にして、日本語とアルタイ諸語の類縁性についてみてきた。類型論（typology）的にみると、両言語はきわめて酷似した言語特徴を有していることが分かる。言語学的観点からみると類型論は言語の系統論には役に立たないといわれてきたが、筆者自身は、今後は言語類型論の研究成果も系統論の解明に取り入れるべきだと考えている。勿論、比較言語学における研究方法、すなわち、祖語を再建するために、対象となる二つ以上の言語の音韻対応を検証することが必要なことはいうまでもない。同様に、日本語とアルタイ諸語の親縁関係の解明にも、個々の語彙の音韻対応を逐一検証する必要があるだろう。前述したように、近年、因子分析法に基づく「言語年代学」を利用した研究方法も進められている。今後は、日本語の系統論を探るためには、比較言語学的観点による音韻対応の検証のみならず、様々な言語学的観点からの研究も必要となるであろう。とりわけ、筆者は、従来の比較言語学的観点による音韻対応と類型論的特徴の両面を検証すべきであると考えている。多くの言語学者が今後の日本語系統論の解明に否定的であるが、ピジン語やクレオール語などの概念も取り入れ、言語一元論ではなく、言語混交説という概念も視野にいれ、独自の言語理論を構築することも考えていかねばならないであろう。いずれにせよ、日本語とアルタイ諸語が系統論にみて、何らかの類縁性を有

していることだけは間違いないであろう。

〈問題〉

1. テキストの中の言語学者を一人だけ取り上げ，代表的な著作，学説について，様々な文献を駆使して，調べなさい。

2. 日本語の起源が解明できない理由は何か，テキストや他の資料を参考にしながら，論じなさい。また，日本語の系統論を解明する上で，最も重要な語彙は，どのような語種に分類できる語なのか答え，その理由について説明しなさい。

3. 明治41（1908）年に，言語学者藤岡勝二が，日本語とウラル・アルタイ語族（当時の名称）を比べ，14の共通項目を挙げたが，どのような特徴を指摘したのか記しなさい。また，ウラル・アルタイ語族説は，現代言語学の観点からみると，どのような点が問題なのか，詳しく論じなさい。

8. 日本語学と言語学

8.1　言語学（Linguistics）とは

　人々の「ことば」に対する関心は，「言語学」という学問分野が生まれる以前からすでにあった。とりわけ，言葉の問題に向かわざるをえない「哲学」や「論理学」などの分野においては，アリストテレス（紀元前384～322）をはじめ，多くの哲学者がこの問題に取り組んでいる。当時の学説については，今日の言語学における「メタファー」の問題にも大いに通じる側面がある。しかしながら，本格的に言語の問題が取り上げられるのは，1786年に，S. W. ジョーンズ卿（Sir. William Jones 1746～1794）が，「インド人について」という論題で講演をしたのを始まりとみてよいであろう。この中で，ジョーンズは，古代インドの言語であるサンスクリット語について次のようなことを述べている。なお，本文は，風間（1978）を引用した。

　　サンスクリットは，その古さはどうあろうとも，驚くべき構造をもっている。それはギリシア語よりも完全であり，ラテン語よりも豊富であり，しかもそのいずれにもまして精巧である。しかもこの二つの言語とは，動詞の語根においても文法の形式においても，偶然つくりだされたとは思えないほど顕著な類似をもっている。それがあまりに顕著であるので，どんな言語学者でもこれら三つの言語を調べたら，それらは，おそらくはもはや存在していない，ある共通の源から発したものと信ぜ

ずにはいられないであろう。……

　ジョーンズ自身は、様々な言語（古代ギリシャ語、ラテン語、アラビア語、ペルシャ語、サンスクリット語など）を習得していたが、彼の本職はあくまで上級裁判所の裁判官であり、言語学の研究者ではなかった。しかしながら、彼の言語に対する造詣にはとりわけ深いものがあり、ついにサンスクリット語文学の翻訳を手がけるにまで習熟していた。この後、言語類型論の節で掲げた「比較文法」の命名者 F. シュレーゲル、W. von フンボルトなど、様々な言語学者が出現し、「比較言語学」が言語学の主流として研究されるようになるのである。「比較言語学」とは、親縁関係にあると考えられる二つ以上の言語を、音韻対応の観点から比較し、祖語の再建を目的とする学問分野のことをいう。この精緻な言語研究の成果によって、インド・ヨーロッパ語族の存在が明らかになったのである。インド・ヨーロッパ語族（Indo-European language family）という名称とは別に、ドイツ語圏では、インド・ゲルマン語（Indo-germanisch）という用語が使われることもあった。しかし、地理的分布を考慮した場合、やはりこの用語はふさわしくない。なぜなら、この語族には、インドよりさらに東のトカラ語 A 語と B 語や西のケルト語までも含まれているからである。ちなみに、この用語は、日本語とウラル・アルタイ語の関係を指摘した H. J. von クラプロートの『アジア博言集』（Asia Polyglotta）の中にも現れている[9]。

　一方、系統関係とは別に、任意の言語を比べ、その言語の相違点や類似点を研究する学問分野は、一般的に、「対照言語学」（contrastive linguistics）と呼ばれている。言語を比較するという点では同じだが、親縁関係にあると想定できる言語を、音韻対応の法則を用いて、祖語を再建する「比較言語学」とは基本的に言語学的観点が異なっている。

では，実際に，この学問分野の代表的な言語学者をみていくことにする。当時の言語学者として，F. ボップ（Franz Bopp 1791～1867），R. ラスク（Rasmus Rask 1787～1832），J. グリム（Jacob Grimm 1785～1863）の三人を挙げることができよう。以下に，それぞれの学者の代表的な論文を掲げると次のようになる。

F. ボップ（1816）『ギリシャ・ラテン・ペルシアおよびゲルマン諸語との比較によるサンスクリット語動詞活用組織について』（Über das Conjugationssystem der Sanskritsprache in Vergleichung mit jenem der griechischen, lateinischen, persischen und germanischen Sprache）
R. K. ラスク（1818）『古代ノルド語，すなわちアイスランド語の起源に関する研究』（Undersögelse om det gamle Nordiske eller Islandske Oprindelse）
J. グリム（1819）『ドイツ語文法』（Deutsche Grammatik）

　以上，掲げた三人の言語学者による学説の相違点は，次のようなことになるであろう。一つは，ジョーンズがサンスクリット語と他の諸言語を比較して，比較文法の礎を築いたにもかかわらず，サンスクリット語を実際に言語資料として用いているのは，ボップただ一人だったということである。さらに，その比較も語彙の対応ではなく，動詞の活用組織の研究であった。
　また，ラスクについては，論文の使用言語をデンマーク語にしたために，その膨大な論文の量に対して，他の言語学者に顧みられることはなかった。この辺りの事情は，英語で論文を書かなければ，世界的な学会では受け入れられない今日の学会の状況と何ら変ることがない。ただし，同じデンマーク人であり，「突厥」文字（オルホン碑文）の研究で知られている言語学者 V. トムセン（Vilhelm

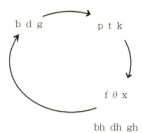

図14 グリムの音法則

Thomsen 1842〜1927) には，高い評価をうけている。

ここで，簡単に，印欧祖語とゲルマン祖語におけるグリムの音法則を掲げることにする。

上記のように音の変化が，循環している現象がグリムの音法則である。この変化は，次のようなラテン語と英語の語彙でも確かめることができる。

ラテン語	英語		
piscis	fish 「魚」	[p] →	[f]
trēs	three「三」	[t] →	[θ]
duo	two 「二」	[d] →	[t]

上述したように，当時の言語学の分野においては，比較言語学的観点から，音韻対応の法則を通して，祖語の再建（reconstruction）をする研究方法が精力的に進められていった。ただし，この法則の中では，あくまで言語が有機的存在としてとらえられ，言語変化が自律的に行なわれていくものであることが説かれている。そして，仮に，法則に合致しない語彙が現れたような場合でも，また別の法則が生み出されていった。有名な法則としては，K. ヴェルナー（Karl Verner 1846〜1896）の法則がある。本節では，この法則につ

いての詳細な説明は避けるが，ここでは，前項要素の母音にアクセントがくると，次項の子音の有声化が妨げられるということが証明されている。かくして，比較言語学の法則性は，言語学者の間で，揺るぎのない法則として信じられるようになったのである。青年文法学派（Junggrammatiker）の有名な「音韻法則に例外なし」というテーゼにみられるように，「言語有機体観」は，当時の文法学者にとって疑う余地がないほどの学説となっていたのであった。しかし，実際には，このような例外のない言語の法則性は存在しない。当時，この法則に対して，敢然と異議を唱えたのが，H. シューハルト（Hugo Schuchardt 1842～1927）である。シューハルトはこの時代にすでに，言語の純粋性に疑問を感じ，言語の混交にこそ言葉の本質があることを看破していた。勿論，当時，この学説は異端視されていたし，現在でも正当に評価されているとは言いがたい。この時代には，社会科学の分野において一時代を席巻したダーウィン理論の影響からか，ほとんどの言語学者の言語観は自律的変化の法則から脱することはできなかった。筆者自身は，現実的には，様々な混交という言語現象があっても，便宜上，インド・ヨーロッパ語族が現在の各言語に分派していったという説明に対して，特に異論があるわけではない。しかし，「言語の規則性」，「言語の純粋性」という言葉には，何か言語というものが，人間の意思とは無関係に自律的法則に従って変化していくような印象をもたざるをえないのである。現実には，言語の主体である人間から隔絶した抽象的な言語などというものは決してありえない。

　しかし，当時は，青年文法学派の出現により，様々な音韻法則が次々と発見され，言語というものがあたかも有機体のように自律的に変化し，人間や社会とはまったく隔絶したところに存在するかのような印象を与えるようになったのである。先述したように，このような言語観は，シュライヒャー（1863）の言語を有機体とみる

「言語有機体観」で頂点に達する。このような言語観は，言うまでもなく，今日の言語学界では受け入れがたいものだが，当時は，ダーウィンの進化論と相俟って，多くの言語学者に固く信じられていた。

ここで，日本語学の研究にとって特筆しなければならない重要な出来事がある。この頃，東京帝国大学の創設とともに，日本に言語学者 B. H. チェンバレン（Basil Hall Chamberlain 1850～1935）が招聘されている。そして，その指導を仰いだ上田万年がドイツに留学した際，何人かの青年文法学派の言語学者の講義を受けていることである。日本語学と西欧の言語学との接点は，まさにここで始まったといっても過言ではないであろう。上田は，1890（明治23年）～1894（明治27年）にドイツ留学を果たしているが，この間，主にベルリン大学において，著名な言語学者の学問上の指導を仰いでいる。そして，この後，彼の言語学理論の形成にとって重要な位置を占めることになる言語学者，G. ガーベレンツの謦咳に接することになるのである。

なお，以下に掲げる言語学者は，当時の代表的な青年文法学派に属する人々である。特に，K. ブルークマンは，「青年文法学派」の命名者である G. クルティウス（Georg Curtius 1820～1885）の弟子として知られている。ただし，当時，G. クルティウスが「青年文法学派」と呼んだのは，否定的な意味を含んでいたことに留意しなければならない。K. ブルークマンをはじめとする青年文法学者は，確かにシュライヒャーの言語観を批判し，新しい見解を提示しようと試みたが，従来の比較言語学の域から完全に脱しきることはできなかった。

    K. ブルークマン（Karl Brugmann, 1849～1919）インドゲルマン言語学
    A. レスキーン（August Leskien, 1840～1916）スラブ言語学

W. ブラウネ（Wilhelm Braune, 1850〜1926）ゲルマン語学
E. ジーフェルス（Eduard Sievers, 1850〜1932）音声学
H. パウル（Hermann Paul, 1846〜1921）ゲルマン文献学

この中で，上田の言語学の理論に多大なる影響を与えたのは，インドゲルマン語学者 K. ブルークマンと音声学者 E. ジーフェルスであろう。近代言語学が成立する以前に，上田がすでに当時の著名な言語学者の指導を受けていたことは特筆に価するといえよう。パウルもこの青年文法学派の一人ではあるが，上記の言語学者とは異なる独自の言語理論をもっていた。その著『言語史の原理』（Prinzipien der Sprachgeschichte）が，今でも多くの読者を魅了している所以であろう。ただし，「言語学とは言語史である」というテーゼ通り，彼の主眼とするのはあくまで歴史言語学に限定され，その点では，従来の青年文法学者と何ら変ることはなかった。しかし，現在でも，言語学用語として使用されている「類推（analogy）」などの概念を導入したことは，特筆すべき事項といえよう。また，パウルが，言語とは個人の精神にある心理的存在であるという理論に行きついたのは，彼がベルリン大学で言語心理学者 H. シュタインタール（Heymann Steinthal 1823〜1899）の影響をうけたからであろう。そして，この後，今世紀を代表するスイス生まれの言語学者 F. de ソシュールが，「共時言語学」というこれまでの言語観とはまったく異なる観点をもった学説を提唱することになるのである。といっても，ソシュール（1916）の著『一般言語学講義』は，実際には，その弟子で文体論の研究でも知られている Ch. バイイ（Charles Bally 1865〜1947），A. セシュエ（Albert Séchehayé 1870〜1946）の二人が，彼の死後，講義録をもとにして編んだものである。しかしながら，この著書『一般言語学講義』は，あらゆる社会科学の分野において，多様な影響を与えた。彼の基本的な概念，すなわち，

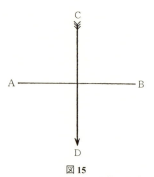

図 15

小林英夫『一般言語学講義』より引用

「共時態 (synchronic)」「通時態 (diachronic)」「パロール (parole)」「ラング (langue)」「ランガージュ (langage)」「能記 (signifiant)」と「所記 (signifié)」「恣意性 (arbitrariness)」などの用語は現在でもよく用いられている。まず,「共時態」であるが, H. パウルのテーゼ「言語学は言語史なり」に代表されるように, それまでの言語学の研究とは, まさに歴史の研究であった。ソシュールは, それをまったく別の観点から, すなわち同時代の言語研究の必要性を説いたのであった。時間軸で表すと図 15 のようになる。横軸が同時性の軸 (共時言語学) であり, 縦軸が継起性の軸 (通時言語学) である。

ソシュール (1916) は, この同時性の軸 (AB) と継起性軸 (CD) について, 次のような説明をしている。

　　同時性の軸 (AB)「これは共存する事物のあいだの関係にかかわる:この上では時間の干渉はみじんもない」
　　継起性軸 (CD)「この上では, 同時に一つ以上の物を考察することはけっしてできない。ただし第一軸の事物はことごとく変化しつつこの上に位する」

つまり、ソシュールは、それまでの通時言語学（linguistique diachronique）の研究よりも、共時言語学（linguistique synchronique）の研究の有用性を説いているのである[10]。

　ソシュールの代表的な理論の一つに、「パロール」（parole）と「ラング」（langue）がある。パロールとは、常に変化する可能性があり、個人的色彩が濃く、一回体で消えていくものである。これに対して、ラングとは、抽象的であり、あくまで社会的存在である。そして、この言語活動全体が、「ランガージュ」（langage）と呼ばれている。後に、チョムスキーが、「言語能力」（competence）と「言語運用」（performance）という概念を用いた時、このソシュールの「パロール」と「ラング」の関連性が指摘された。しかし、チョムスキーが想定した概念は、あくまで個人的色彩が濃く、理想的な話者（ideal speaker）さえ存在すればそれで充分であり、そこでは、ソシュールのような社会的存在は完全に無視されている。

　さらに、このソシュールの概念として重要なものが、「能記」（signifiant）（表現するもの）と「所記」（signifié）（表現されるもの）である。ソシュールの概念を用いるとすれば、言語記号には、「聴覚映像」（image acoustique）と「概念」（concept）が存在し、その関係は、あくまで「恣意的」であると考えられている。

　この両者の関係は、『一般言語学講義』の中では、次のように図示されている。

　ごく、簡単に述べれば、[inu]という言葉は、日本語を話す言語

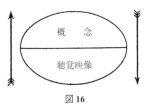

図 16

小林英夫『一般言語学講義』より引用

集団では,「犬」と呼ばれているが, 他の言語集団, 例えば, ドイツ語を話す言語集団の中では, /hunt/ と呼ばれている。しかし, これは, たまたま, 日本語を話す言語集団が, [inu] というオトを採用しているのに過ぎないのであって, オト(音素の連続と言い替えることができる)と, その指し示す意味内容とは, まったく動機づけというものが存在していない。ただし, 意味内容における分節の仕方も, 各言語共同体のなかで異なっていることには, 留意しなければならない。

ソシュール理論の学説を, 基本的概念として現出したのが「構造言語学」(structural linguistics) である。構造言語学はそれぞれの学派の特色を生かしながら, 次第に多様なる発展を遂げていく。ただし, ソシュール自身は一度も「構造」という言葉は, 用いてはいないし,『一般言語学講義』の中でも, ただ「体系」という言葉だけが現れるだけである。ソシュールをもってして, 構造言語学の祖と考える人たちもいるが, 実際に「構造」という概念を強力に推し進めたのは, 後の構造言語学者たちなのである。ここで, もう一度, 「構造」という概念について簡単にふれておきたい。先に, 筆者は, 「パロール」と「ラング」について説明したが, 構造言語学者たちは, まさにこの「ラング」の方を重視したのであった。

ここでは, ソシュールの『一般言語学講義』を参考にしながら, この学説についてたとえを用いながら説明したい。まず, 将棋の駒を想像してもらいたい。例えば, ゲームのあいだに, 駒がなくなったとする。このような場合, なくなった駒の代わりになるものがなければ, どうすればよいであろうか。代わりに, 紙切れでもいいから駒形に作り上げたものを使えば, 形状は悪くとも, ゲームを進行させるために機能さえすれば, ゲーム自体は成立するはずである。ソシュール自身は, チェスを例にして述べているが, 同様のことである。この例では, 駒の材料を「パロール」, 全体としてゲームが

機能することを「ラング」と考えてもらえばいいのである。また，別の例を取り上げれば，構造の英語訳 *structure* でもよい。日本語と英語は，系統関係のないまったく別の言語であるから，当然英語の *structure* と日本語訳の「構造」の意味は「等価」であるはずはない。英語の *structure* を日本語訳すると，「構造」という意味だけでなく，一般的によく用いられる「建造物」という意味もある。今度は，この「建造物」を例にとって，「構造」という概念について考察してみたい。家の構造が，一つの建造物として成り立っているのは，柱の一つ一つが組み合わさって，一個の建築物として機能しているからである。この「建造物」の柱の材料が別の種類のものであっても，どんな色をしていても，全体としての「構造物」としての「体系」が成立していれば，それでよいのである。

　さらに，身近な例を取り上げてみると，野球の背番号を考えてみてもよい。一人一人の背番号の色や形が違っていても，同じ背番号をもつ人がいなければ，プレーは成立するわけである。ここの例でいう背番号の数を，「音素」と考えてもらってもいい。人が，なにかある単語を発音する場合でも，同じ単語の音声を，もう一度まったく同じ通りに発音することは不可能である。ある時には，声が小さかったり，ある時には，前よりは少し大きな声で発音しているかもしれない。しかし，その音一つ一つを私たちは，不思議に間違えることなく聞き取っている。ただし，音素（音の最小単位）を言い間違えると，当然のことながら，聞き取ることが不可能であるか，他の言葉と混同してしまう。声音に，個人差がどれほどあったとしても，他の音素と区別できればよいのである。

　しかしながら，このような言語観は，「言葉」のラングを重視するあまり，パロールの側面を軽視することになりかねない。とりわけ，アメリカの記述言語学（descriptive linguistics）の研究方法は，一切のアプリオリを排除し，ただ眼前にあるオトだけを記述し，言

語構造を解明しようとする。そこに,「こころ」というものが介在する余地はまったくないし,どのような人が,発話しているかなどは問題にされていない。まさに,「構造主義」とは,帰納主義であり,経験主義に基づいていることが分かる。また,ソシュール以降の「構造言語学」の潮流には,ジュネーブ学派,プラーグ学派,コペンハーゲン学派など,様々な学派が分岐している。ここでは,ごく簡単に主要な言語学者とその概念についてふれておきたい。まず,ジュネーブ学派であるが,先に述べたように,『一般言語学講義』を編んだCh. バイイ,A. セシュエがこの学派に属している。さらに,プラーグ言語学サークル(1926年 チェコスロバキアのプラハで結成される)には,音韻に対して独自の理論をもっていたトゥルベツコイや,文化人類学者C. レヴィ=ストロース(Claude Lévi-Strauss 1908〜2009)の学説に大いなる示唆を与えたR. ヤーコブソン(Roman Jakobson 1896〜1982),プラーグ言語学サークルの中心的人物であるV. マテジウス(Vilem Mathesius 1882〜1945)等が参加している。その他にも,ロシアの言語学者S. カルチェフスキー(Sergej Karcevskij 1884〜1955)は,ソシュールの言語学説をロシアに紹介したことで知られている。

そして,「表現」と「内容」というグロセマティク理論を提唱したL. イェルムスレイ(Louis Hjelmslev 1899〜1965)が,「言理学」という理論をもつコペンハーゲン学派を創始する。とりわけ,L. イェルムスレイの理論は,「実質」(ソシュールの学説のパロールに対応する)と「形式」(同じく,ソシュールの理論のラングに相当する)という用語を使いながら,「言葉」には,「表現」と「内容」に,それぞれ「実質」と「形式」が含まれていることを指摘した。

以上述べてきたように,ソシュール以降,構造言語学の学説は様々な理論の水脈をつくりながら,社会科学のあらゆる分野に影響を与え,発達を遂げていった。とりわけ,R. ヤーコブソンが文化

人類学者レヴィ=ストロースに，音素の二項的対立の理論を教えたことは注目すべきことであろう。この後，レヴィ=ストロースは，現在の文化人類学の基本的理念を確立し，文化人類学の記念碑的著作ともなっている『悲しき熱帯』(1955) を上梓し，文化人類学の礎を築くことになるのである。

　ここで，もう一つ特筆すべきことがある。それは，ソシュールの理論のすべてが，ソシュール独自の学説ではなく，すでに，言語類型論の研究で知られているドイツの言語学者 F. N. フィンク（Franz Nikolaus Finck 1867～1910）や G. ガーレンツによっても，用語は違えども，同様の理論が提唱されていたことである。

　F. N. フィンクの用語は，次のソシュールの用語と対比することができる。なお，この用語については E. コセリウ（1958）を引用した。

　　ソシュールの用語　フィンクの用語
　　パロール　　　　　Sprache als sprechen
　　　　　　　　　　　「話す行為としての言語」
　　ラング　　　　　　Sprache als einheitliche Gesamtheit von Ausdruckesmitteln
　　　　　　　　　　　「表現の手段のまとまった全体としての言語」

　用語はそれぞれ異なっているが，概念はまったく同一と考えられる。『一般言語学講義』自体は，ソシュール自身が書いたものではないから，ソシュールの学説がどのような理論を参考にして，生み出されたのか知るよしもない。若い頃には，比較言語学の分野において，鼻音ソナントに関する斬新な論考を発表しているが，この一般言語学講義の内容については，終に自身で書くことはなく，1913年に決して長くはない生涯を閉じることになる。しかし，ソシュールの理論は，今日まで，文化人類学，精神分析学，記号学，数学，

8.1　言語学（Linguistics）とは　　*133*

など実に様々な分野に多大なる影響を及ぼしている。

8.2 日本語学における言語学の受容について

本章を書くにあたって、まず「日本語学」と「国語学」の違いについて、見解を述べるべきであるが、ここでは、日本語学における言語学の受容に焦点を当てたいため、この差異についての筆者の見解は、別稿に譲ることにする。

明治維新の後、日本の学問体系の基礎を確立したのは、政府が「お雇い外国人」として招聘した多くの外国人教師であった。このなかには、当時の有名な言語学者チェンバレンがいた。前章でも述べたことだが、東京帝国大学でチェンバレンのもと、日本語学を学んだ上田万年(うえだかずとし)は、その後、ドイツに留学し、青年文法学派たちの言語学の講義を受けることになる。そして、帰国後は、東京帝国大学の教授として教鞭をとり、日本独自の言語学の基礎を確立することになるのである。

上田万年の「国家」と「国語」に対する言語観は、きわめて重要な研究課題であり、今後も社会言語学的観点からのアプローチが求められることであろう。しかしながら、本節では、上記でも述べたように、近代言語学以降の日本における言語学の受容について述べたいため、この問題に関しては稿をあらためて考察したい。すでに、本書で繰り返し述べてきたことであるが、近代言語学の祖であるソシュールの名著『一般言語学講義』は、小林英夫の訳により、日本の言語学界で、いち早く紹介されることになる。この著作は、本人自ら執筆していないにもかかわらず、その影響力は社会科学のあらゆる分野に及ぼすことになった。言語学の分野についていえば、小林英夫の「言語道具説」のアンチテーゼとして生まれたのが、時枝誠記(ときえだもとき)の「言語過程説」である。筆者は、橋本進吉の「橋本文法」と、その後、国文法の主流となる時枝誠記の「時枝文法」の

関係は，欧米の言語学の研究動向ときわめてよく似た状況にあると考えている。当時の欧米の言語学と日本における言語学の潮流は，不思議なほどよく似ている。帰納主義的手法をとる構造言語学と橋本文法との関係，演繹主義的言語観をもつ生成文法と時枝文法の関係は，その言語観においても，研究手法においても，数多くの類似点が見られるのである。アメリカの記述言語学者 L. ブルームフィールド（1933）は，自身の研究方法の正当性を，紀元前 3 世紀頃に成立したパーニニ文法に依拠しようとしたが，ひたすら眼前の資料の実証性を重んじる研究姿勢は，橋本進吉の国文法に対する研究手法にも一脈通じるところがあるといえよう。

その後，日本語学に最も影響を与えた学説は，N. チョムスキーの変形生成文法（transformational generative grammar）と考えてよいであろう。当時，まだ若い学徒であったチョムスキーは，30 代を目前にして，『統語構造』（Syntactic Structures）（1957）という著書を発表し，構造主義一辺倒であった言語学界に，大きなインパクトを与えることになった。この書もすぐに，邦訳されることになるが，日本語学にさらなる影響を与えたのが，『文法理論の諸相』（Aspects of the Theory of Syntax）（1965）である。チョムスキーの学説は，その後，様々な言語学者からの批判にさらされることになるが，「標準理論」（standard theory）「拡大標準理論」（extended standard theory）「修正拡大標準理論」（revised extended standard theory）と，その主要理論に修正を加えながら，新たなる展開をみせていく。生成文法（generative grammar）は，「深層構造」（deep structure）「表層構造」（surface structure）「言語能力」（competence）「言語運用」（performance）などの独特の用語を使いながら，言語学の分野の主流として，日本語学の研究者にも多大なる影響を及ぼすことになるのである。そして，日本語学の研究者の間では，この理論を日本語にも適用させようとする動きもみられた。チョムスキーの基本的な

理念は，人間には，本来，ある一定の言語資料を得るだけで，文法的な文が話せるようになる LAD「言語獲得装置」が備わっているということに集約することができよう。そして，そのメカニズムを解明することが，言語学の最も重要な研究課題として考えられているのである。しかし，どのような人間にも，普遍的にそのような LAD なるものが存在しているとすれば，民族や人種の異なる言語共同体の人々は，すべて一様な集団に属することになり，人間は誰しも，同一の言語観を有していることになる。ここで問題にしたいことは，民族間の言語観がもし同一なら，どのような人間も，外界に対する分節の仕方が一様になるということである。しかし，現実の社会では，各言語共同体で外界の分節の仕方はまったく異なっている。

　例えば，日本語の基礎語彙の「足」という単語にしても，英語の単語には，foot, leg などの言葉が存在するし，その単語が用いられる範囲は，それぞれの言語集団で対応しているわけではない。つまり，日本語を話す言語集団と英語を話す言語集団とでは，言語対象の分節の仕方が一様ではないのである。ソシュールの概念を用いるとすれば，意味する内容（所記）が，各言語集団で一致していないことになるのである。かつて，サピアとウォーフは，「言語相対主義」を唱え，言語と文化や思考との関係性について言及し，言語が外界の対象を相対化することについて指摘した[1]。つまり，外界の切り取り方は，各言語集団によって一様ではないということである。もし仮に，一様であるならば，A 言語の単語の意味は，B 言語の単語の意味と一対一対応することになり，外国語の語彙を学習する際には，ただ単語帳をもって，暗記すれば済むことになる。しかし，現実には，基礎語彙にしても，各言語共同体で同一では決してない。日本語の身体名称や，日常よく使う「水」などの単語が，各言語集団の中で，どこからどこまで指し示すのか，よく考えても

らいたい。ここにこそ，言葉というもののダイナミックな一面があるといえよう。ソシュールはこの点について，次のようなことを述べている。「観点に先立って対象が存在するのではさらさらなくて，いわば観点が対象を作り出すのだ」と。

では，次に，日本独自の言語研究がこれまでどのように行なわれてきたのか，みていきたい。先に掲げたチョムスキーの言語観からすると，方言研究はパロールの研究に含まれ，そこに研究対象としての意義を見出すことはできないと考えられてきた。1960年代以降，多くの日本語学の研究者たちが，チョムスキーの学説に追随し，普遍文法（universal grammar）の解明に熱心に取り組んでいた。しかし，そのような状況下にあっても，日本語学の研究者のなかには，日本の方言分野の研究に意義を認め，着実にパロールの研究を続けていた人たちがいたことは，特筆しなければならないであろう。また，ここで言語学の理論に関して注目すべき現象がある。大規模なデータを収集して，その結果を検証する日本の社会言語学的方法は，ある意味では，記述言語学における客観的データを収集する帰納主義的方法ときわめて酷似しているということである。チョムスキーの生成文法の誕生によって，一端，コペルニクス的転換した言語学の分野も，その方法論に関しては，演繹主義的な観点から，一転して再び帰納主義的な観点に回帰することになったといえるであろう。元々，「社会言語学」という学問分野は，人間不在の言語学に疑問を呈し，「言葉」と「社会」との関係を追究する言語分野として提唱されたのであるが，個々人のデータを重視し，その結果を検証する帰納主義的なアプローチは，構造言語学の方法論と何ら大差がないといえよう。勿論，第5章で考察したように，「社会言語学」の研究分野には，方言研究だけでなく，「国家」，「民族」，「言語」の問題を扱ったマクロ的研究も含まれている。しかしながら，談話分析をはじめとする大量のデータを扱った社会言語学

的アプローチは,帰納主義的方法をとる構造主義と,その言語学的手法において同一であると考えることができるであろう。

ここで,ごく簡単に今までの学説の流れをまとめると,次のようになる。

構造言語学	→	生成文法	→	社会言語学
帰納主義	→	演繹主義	→	帰納主義
経験主義	→	先験的	→	経験的
行動主義	→	認知主義	→	行動主義
		言語能力	→	言語使用能力
				言語伝達能力

各言語分野の特徴を比べると分かるように,言語学という学問は,精密に研究すればするほど,そこに矛盾が生じてくる。そして,不思議な現象ではあるが,やがて新しく誕生した研究分野も,また元の学説に似た言語観をもった言語分野に立ち戻ることになるのである。ただし,ここでいう,「構造言語学」「生成文法」「社会言語学」の各言語分野は,すべて同一の概念として扱うことはできない。例えば,E. サピアなどは,一般の言語学の概説書では,構造言語学者の範疇に含められているが,その論著 "Sound patterns in Language"(1925)では,心理主義的な側面が多分にみられ,他の言語学者とは,異質な言語観をもっていたと考えることができる。また,社会言語学といっても,すでに述べたように,その対象とする範囲はきわめて広い。国家や民族との関係を扱った分野から,方言の研究をデータ処理したものまで,実に多岐にわたっているのである。

では,上記に掲げたものとは別に,日本語学の分野に,これまでどのような言語分野が影響を及ぼしたのであろうか。その一つとし

て，現代言語学の分野では，その研究の進捗状況は充分とは言いがたいが，かつては，多くの論著が出された日本語の系統論の研究を挙げることができるであろう。第7章で，その概略においては述べたが，戦前より，数多の言語学者が，この系統論の問題に関心を抱いていた。戦後も，新村出，小倉進平，泉井久之助，服部四郎，など著名な言語学者がこの問題の解明に取り組んでいる。このように，日本語学の研究分野において，日本語の起源を解明することが言語学の中心的課題とされた時期があった。この言語学の諸問題を解決するために導入された方法論が，音韻対応の法則を見つけ，祖語を再建する比較言語学の研究分野である。

しかし，印欧語の比較言語学の方法論を日本語の系統論に取り入れることには，自ずと限界がある。それは，言語資料の総体（コーパス）の問題である。印欧語の豊富な語彙数と比べて，日本語の文献の語彙は，比較にならないほど新しい語彙である。旧来の比較言語学的観点からの研究から脱するために，安本（1978）は，大量の語彙のデータを収集し，因子分析法を駆使して，この問題の解明のアプローチを試みた。一見すると，この理論も客観的で有効な手段であるかのような印象をもつが，使用したデータの語彙の年代にも問題があり，完全に系統論の解明に繋がることはなかった。例えば，ここでは比較する語彙として基礎語彙が用いられているが，基礎語彙といえども，変化する可能性が充分にあることは，日本語の数詞の例をみれば明らかである。現在，日本語の系統論に関して，新たな解決法の糸口は見出されてはいない。本論でも述べたが，将来的な日本語系統論の解明の可能性については，多くの言語学者が懐疑的である。しかし，筆者は，膨大な日本語の文献やアルタイ諸語の文献を整理し，語彙の比較をさらに進めていけば，系統論の解明の可能性も充分ありうると考えている。

ここで，今一度，本著の重要な論点について振返ってみたい。一

つは，言語学と日本語学の接点であるが，これは上田万年のドイツ留学での言語研究をその嚆矢とみなしてよいであろう。この留学を通して，上田は当時の最高水準の言語学研究にふれることになる。上田の帰国後は，帝国大学博言学科は，国文学科と言語学科に袂を分かつことになるが，日本人の研究者による本格的な日本語学の研究は，これ以降精力的に進められていく。しかし，その一方で，欧米の言語学研究の影響を受ける以前に，不十分な理論構成ながらも，日本語の方言や文法を中心とする言語研究が，今日まで連綿として続けられてきたことを，私たちは忘れてはならないであろう。

　最後に，言語学にとって「こころ」とは，どのような存在であったのか考えてみたい。近代言語学の祖である F. de ソシュールは，『一般言語学講義』により，構造言語学者に多大なる影響を与えるのであるが，ソシュール自身はあくまで「言語においては全ては心的実在である」と述べ，「こころ」という存在を重要視していることに注目したい。この点で，後に，ソシュールの影響を受け，幾つかの学派に分岐する構造言語学者とは，意を異にしている。とりわけ，アメリカの記述言語学者たちは，完全に「こころ」という存在を無視し，ただ実体のあるオトだけを頼りに，客観的方法で研究を進めていった。しかし，その後，N. チョムスキーの言語観では，一転して演繹主義的な考え方がとられ，人間には，本来，言語を習得する装置が存在していることが自明のこととして扱われた。そこでは，あらためて「こころ」という問題に対峙することはなく，ただ普遍文法の解明にのみ研究の主眼が置かれることになった。1960年代に入ると，心理主義のチョムスキーの学説に対する批判として，社会言語学が誕生することになる。この言語分野では，様々な学際分野の研究成果が取り入れられているが，前述したように，大規模なデータを収集し，帰納主義的観点から「言葉」にアプローチする方法は，まさに構造主義的方法といえるであろう。社会言語学

とは,本来,「言葉」と「社会」との関係を扱った分野であるはずなのだが,このようなデータ中心主義になると,「こころ」という存在がおざなりになることは否めない。そして,現在,言語学界では,「スキーマ」(schema) や「スクリプト」(script) などの用語を駆使した「認知言語学」(cognitive liguisitics) の研究が,盛んに行なわれている。この言語分野では,言語主体の認知能力,すなわち,言語主体が外部の世界をどのように認識するかということに研究の基盤があり,人間の「こころ」の問題とも大きな関わりをもっている。このように,近代言語学以降の言語学の流れを概観してみると,構造言語学,とりわけ記述言語学では,アンチ・メンタリズムとして,「こころ」という存在がまったく除外されたが,生成文法では,人間には,元々,LAD が備わっていると考えられ,「こころ」という存在が自明のこととして扱われた。さらに,社会言語学においては,構造言語学ほどではないにせよ,ある面では,客観的データ重視のアプローチが行なわれ,帰納主義的な研究方法がとられた。そして,現在,日本語学の分野では,「こころ」と「言語」に関係する「認知言語学」の研究が進められている。

　以上,様々な観点から,日本語学における言語学の受容に関して概観してきたが,言語学の潮流が変化するのは,決して自律的変化ではないことだけは心に留めておきたい。学問の本質として,ある分野をつきつめて研究すればするほど,どうしても,そこに矛盾が生じてくる(なぜなら,現実社会においては,決して完全な言語学説などは存在しないからである)。そして,最後には,まったく言語観の異なる学説が提示されるようになるのである。それは,あくまで,言語の主体である人間が,「言葉」の本質をつきつめようとする意志から生まれ出ずるものである。最後に,最近の言語学の研究動向についてもふれておきたい。本文中でも述べたように,現代の言語学は,従来は,応用言語学の範疇にあった言語分野が,独立

した研究分野として認められ、多様な展開をみせている。具体的には、社会言語学、心理言語学、認知言語学、言語人類学など、実に多彩な言語分野が研究されている。今後、どのような言語学の研究成果が、日本語学に取り入れられていくのか、予想だにできないが、日本語学の研究は、将来も、きっと言語学の研究成果の影響をうけながら発展していくことであろう。

〈問題〉

1. 日本語と他の諸言語を比べ、音韻、形態、文法、文字の相違点と類似点について述べなさい。

2. 日本語と他の諸言語を比べ、外界の分節の仕方が異なる例を挙げて、論述しなさい。

3. 国語教育と日本語教育の違いについて、様々な文献を調べ、詳しく論じなさい。

9.「国語」の誕生とローマ字化運動

　今回の改訂にあたって，筆者が最も重要視したのが，「国語」という教科目が誕生した1900（明治33）年前後の言語学，日本語学，国語との関係性である。言語学と日本語学の接点を知るためには，この頃の「国語」の成立と言語教育，とりわけローマ字化教育について考察しなければならないであろう。上記の研究は，社会言語学に包含される言語政策という研究分野にとっても，重要な事項に位置づけられる。現代の漢字仮名混じり文を特に意識せずに使用している人々にとって，漢字を廃止して，なぜ新しい文字を採用しようとしたのか不思議に感じられるかもしれない。この頃の文字に対する言語認識，及び時代的背景を理解するためには，単に文字の歴史的変遷を紐解くだけではなく，文字と政治との紐帯を解明する必要がある。

　本章では，日本における近代の「国語」の誕生とローマ字化運動という国語国字運動を通して，近代以降の言語学，日本語学，国語の関係性について考察したい。また，この中で，藤岡勝二という一人の言語学者を軸にして，この時代の状況を通時的にみていくことにする。

9.1 「国語」の誕生

　明治33（1900）年は，近代「国語」の成立にとってメルクマールといえる時であった。本節では，近代の「国語」が成立しようとしている黎明期の状況についてみていきたい。

　この年の留意すべき事項として，小学校令により，これまでの

「読書」「作文」「習字」という科目が統合され,教科目としての「国語」が誕生したことを挙げることができるであろう。一方,国家政策としての国語教育の状況であるが,この点についての調査では,国語調査委員会に関する記録によって,ある程度窺知できたが,当時はまだ本格的な議事録が存在しなかったため,その全貌は明らかにできなかった。

本格的な議事録は,明治42(1909)年1月に刊行された『臨時仮名遣調査委員会議事速記録』を待たなければならなかったのである。しかしながら,同時期の重要な文献である言語学会の機関誌『言語学雑誌』の「雑報」欄等には,この頃の状況が克明に記されており,「国語」に関する会議がどの程度開催され,どのような立場の政府の要人たちが参加していたのか,詳細に知ることができた。当時の国語国字問題とは,まさしく国家的プロジェクトであり,現代の文化庁管轄下にある文化審議会国語分科会のような一部会ではなかった。なお,ここで注視しておきたい事項は,国語教育の現場に,ローマ字教育が積極的に導入されようとしていたことである。

当時の「国語」とは,漢字廃止論を前提として,仮名文字かローマ字かの是非を問うことにあった。漢字仮名混じり文に慣れ親しみ,オトと文字という言語の本質を考える機能が硬直した現代の人々に警鐘を鳴らす意味においても,当時のローマ字教育を考察することは頗る意義がある重要な研究課題である。明治38(1905)年に,東京帝国大学文科大学言語学科を託され,爾来ほぼ30年もの間,当時の言語学を牽引し続けた言語学者藤岡勝二は,ローマ字普及のために,小異を捨象して「ローマ字ひろめ会」を創始する。これに参加したのが,同じく東京帝国大学教授であり,物理学者田中舘愛橘(たなかだてあいきつ)(1856〜1952)であった。両者ともに,ローマ字教育の必然性は感じていたが,田中舘は,自らが考案した日本式ローマ字

表記法を推奨し，一方，藤岡は，終生，ヘボン式ローマ字表記法がオトを表記するために最適な文字表記であると唱えたのである。

本章では，こうした当時の言語教育の状況に鑑み，1900年前後の近代「国語」の黎明期と当時の言語教育，とりわけローマ字教育について，検討していくことにしたい。

9.1.1 近代「国語」の黎明期とローマ字教育の状況

本項では，国語調査委員会の国語教育の方針について，考察したい。国語調査委員会については，すでに柿木（2013）でその実態を明らかにした。本節では，これ以降に判明した事項を中心に，この委員会に関する新しい知見を掲げておきたい。官制国語調査委員会は，政府が認める正式な組織であるが，それ以前に，すでに国語調査会が創設されており，本格的な委員会が発足する下地ができていた。主要メンバーには，官僚で貴族院議員，さらには東京専門学校校長を歴任した前島 密（まえじまひそか）（1835～1919），国語学，言語学の礎を築き，文部省専門学務局長，貴族院帝国学士院会員議員，国語調査委員会主査委員等，数々の要職を歴任した上田万年（うえだかずとし），国史学が専門でありながら，アルタイ諸語に属するモンゴル語，国語学にも精通していた那珂通世（なかみちよ）（1851～1908），国語調査委員会の主査委員を務めた国語学の泰斗大槻文彦（1847～1928），哲学を専門とした評論家三宅雄二郎（1860～1945），貴族院勅選議員も務めた評論家徳富猪一郎（1863～1957），そして，最後に教育学者であり，東京師範学校教授，高等教育会議員を務めた湯本武比古（1856～1925）がいる。国語調査会という名称ではあったが，実質上，他領域の研究者も数多参加していたことは着眼すべき事項といえよう。二年後，この会は正式に官制の国語調査委員会として活動することになるのであるが，引き続き，委員として就任したのが，上田万年，大槻文彦，徳富猪一郎であった。委員長は帝国大学総長加藤弘之（1836～

1916) が就任しており、他の委員として、東京帝国大学文科大学教授であった哲学者井上哲次郎（1856〜1944）、教育学者澤柳政太郎（1865〜1927）、国史学者三上参次（1865〜1939）、サンスクリット学者高楠順次郎（1866〜1945）等、各分野の碩学たちが選任されている。他にも、教育者嘉納治五郎（1860〜1938）、江戸期から活躍した漢学者であり史学家の重鎮重野安繹（しげのやすつぐ）（1827〜1910）、『万葉集』の研究者で知られた国文学者木村正辞（きむらまさこと）（1827〜1913）等、実に多彩な各分野の泰斗たちが任じられている。当時としては、異色な経歴を有した人物として、文部省書記官の渡部董之介（1865〜1938）を挙げることができるであろう。また、国学の流れを組む学者ではなく、むしろ、様々なジャンルの専門家による会議であり、国語国字問題が、当時の国家的な政治問題であったことを窺える十分な証左となりうる委員の顔ぶれといえよう。「国語」とは、まさに国語国文学者だけに特化した狭隘な学問領域ではなく、人文科学を問わず、あらゆる研究に精通した学者たちによる成果を胚胎した学問領域であったといえる。この後、正式な委員として、藤岡勝二が就任しており、金澤庄三郎、大矢透、服部宇之吉、松村茂助、田所美治等の多くの学者たちが任じられている。なお、補助委員として、藤岡とともに、近代の「国語」の成立に尽力した国語学の保科孝一（1872〜1955）、岡田正美（1871〜1923）、新村出（しんむらいずる）（1876〜1967）、そして、他分野では、朝鮮史の林泰輔がいた。なお、補助委員の調査事務嘱託として、日本語文法の山田孝雄（やまだよしお）、国語学関係では、亀田次郎、藤岡勝二の直弟子神田城太郎、本居清造、榊原叔雄が選ばれている。臨時委員には、心理学者元良勇次郎（1858〜1912）、松本亦太郎（1865〜1943）、そして、『古事類苑』の編纂の中心的人物であった国学者佐藤誠実（1839〜1908）が就任した。

　では、ここで、当時の国語調査委員会の潮流を概略的にみておくことにしたい。先述したように、明治35（1902）年に、加藤弘之

を中心とした国語調査委員会が組織される。その主要な目的は，あくまで「標準語」「言文一致」「仮名遣い」といった国語政策にとって重要な課題について討議，検討をすることであって，「漢字廃止論」は自明のこととして扱われた。

なお，国語調査委員会の決議事項は次の如くである。

　一　文字ハ音韻文字（「フォノグラム」）ヲ採用スルコト、シ假名羅馬字等ノ得失ヲ調査スルコト
　二　文章ハ言文一致體ヲ採用スルコト、シ是ニ關スル調査ヲ爲スコト
　三　國語の音韻組織ヲ調査スルコト
　四　方言ヲ調査シテ標準語ヲ選定スルコト

　一　漢字節減ニ就キテ
　二　現行普通文體ノ整理ニ就キテ
　三　書簡文其他日常慣用スル特殊ノ文體ニ就キテ
　四　國語假名遣ニ就キテ
　五　字音仮名遣ニ就キテ
　六　外國語ノ寫シ方ニ就キテ

次に，国語調査委員会が結成されるまでの経緯を整理しておきたい。明治34（1931）年2月に，帝国教育会内言文一致会が，「言文一致ノ実行ニ就テノ請願」を時の貴族院及び衆議院に提出する。その結果，この法案が通過して可決となり，翌年，明治35（1902）年3月に，国語調査委員会が正式に官制をもって組織されることになる。当時，西 周(にしあまね)が，西洋からの借用語彙を次々と漢語に訳して定着させていったが，この「博言学」という名称は，国語調査委員会委員長の加藤弘之が，訳したのであった。その後，改めて「言語

学」という訳語が造り出された。お雇い外国人教師であった B. H. チェンバレンが樹立した「博言学」という用語も、相応しい名称ではあるが、日本人の教員による日本人のための新しき学問を構築しようとする気概が、「言語学」という用語に強く込められている。この時代には、日本語文法さえ、欧米人の研究成果を応用しなければ講義ができなかったのである。勿論、長年培った国学の流れを組む学者もいたが、欧米の歴史言語学とは、理論も実践も異にしていた。例えば、橋本進吉や時枝誠記(ときえだもとき)が提唱した「詞」と「辞」という用語は、解釈こそ違えども、用語自体は、国学者鈴木朖(すずきあきら)から伝統的に継承された名称である。とりわけ、時枝誠記は、「詞」は概念過程を表し、「辞」は概念過程を表さないという独特な心理学的な解釈をしている。ここで、学ばなければならないことは、当時の大学の講義が、お雇い外国人によって、英語、ドイツ語、フランス語等、欧米の言語で行われていたという事実である。現代では、日本人教員が自らの母語で、西洋の言語学の理論を講義できるにも関わらず、英語だけで講義をする場合も多くみられる。英語帝国主義が横行する現代社会においては、英語で講義ができることだけが理想的な講義の形態と考えられがちである。しかし、当時は、そのような研究の水準にまで達することができなかったため、英語で講義が進められたのである。是非は別にして、こうした時代背景があったことを、今一度、私たちは想起しなければならない。また、語彙の側面からみると、この時代は、まさに漢語から外来語へとプレステージが移行しようとしていた頃と考えることができるであろう。

　上記のように、近代の「国語」が成立する時期、日本語という言語表記に、仮名文字かローマ字のどちらを採用すべきなのか、その得失を調査することが国家的規模の問題として問われていたのである。国語教育においても、こうした西洋化の波は徐々に押し寄せて

いた。

次節では，国語国字問題，とりわけ，仮名文字論，ローマ字論が，どのような経緯で進められてきたのかみていきたい。

9.2　国語国字運動の潮流

漢字廃止論を前提とした国語国字運動の二大潮流といえるのは，「仮名文字論」と「ローマ字論」である。既述したように，ローマ字化国語国字運動にとって，最も重要な時期は，明治38（1905）年に，藤岡勝二と田中舘愛橘の両雄を支持する派が大同団結して，「ローマ字ひろめ会」が活動を開始した頃とみてよいであろう。藤岡は，ヘボン式ローマ字表記法を支持し，物理学者田中舘は，体系的な日本式ローマ字表記法を考案して，普及させようとしていた。東京帝国大学の物理学者で著名な田中舘は，高弟田丸卓郎（1872～1932）に多大なる思想的影響を与え，田丸自身も，ローマ字の理論に強い関心を抱いた。後に，国語学の泰斗大槻文彦までが，田丸が上梓した『ローマ字文の研究』の重要性を高く評価するに至ったのである。この頃の研究者の学問に対する真摯な思想に鑑みると，今日のような一つの学問領域だけに拘泥して，硬直した専門性に捉われることがなかったことである。むしろ，他領域の学問であっても，自らが関心を抱いた領域の学術雑誌にも積極的に寄稿できたのである。あらゆる研究が，未だ確固たる学問体系として成熟していなかったことも一因かもしれないが，各分野の泰斗と呼ばれる学者が，別の領域の研究者であったとしても，研究成果の水準さえ高ければ，各学界において，認めることも充分ありえた。当時の文献を読むたびに，実に自由闊達とした時代の気風を感じ取ることができるのである。その代表的な学者が，上述してきた東京帝国大学文科大学言語学科教授を務めた藤岡勝二であり，その学問的領域は実に広範囲にわたる。彼の言説を含め，厚誼を深めた学者たちについて

は，柿木（2013）に譲ることにしたいが，彼の各研究テーマだけは，ここで挙げておきたい。日本語系統論（ウラル・アルタイ説），アルタイ諸語の文献学的研究（とりわけ，モンゴル語，満州語），サンスクリット学，そして，本章にも関係が深いローマ字化国語国字問題の理論と実践等を挙げることができる。なお，当時はウラル・アルタイ語族と呼ぶのが一般的であったが，現代言語学では，ウラル語族とアルタイ諸語は峻別しなければならない。ウラル語族は語族（language family）として認知されているが，アルタイ諸語は，未だ語族として認められるには至っていない。また，藤岡勝二は，既述したサンスクリット学の碩学高楠順次郎とは盟友であり，高楠の後継者となったのは，藤岡の下で言語学を修め，後にサンスクリット学者として知られた辻（旧姓福島）直四郎（1899～1979）であった。

　ここでは詳らかには記さないが，いずれの藤岡勝二の学問領域も，当時の泰斗と呼ばれる学者たちと対等に議論ができるほどの高い学問の水準に達していた。藤岡ほど数多の領域において活躍した学者は例をみないが，残念なことに，その代表的な著作や翻訳は，彼が逝去した後に刊行されたものが多い。生前には「論文を書かない学者」と揶揄されたこともあったが，藤岡は，ひたすら自らの関心のある学問領域に取り組み，翻訳をはじめとする数多の著作を残しながら，自らが納得するまで，その業績を決して公に刊行することはなかった。多岐にわたる論文，翻訳，著作がありながら，彼の言語思想を真に理解して，著作集として纏めたものは未だ世に出ていない。後進の新村出，金田一京助には大部の全集が残されているのに対して，あらゆる分野において多大なる業績を残した藤岡には，藤岡博士功績記念会が，弟子の論文集を集め，編纂した『藤岡博士功績記念言語学論文集』のみが残されているに過ぎない。膨大な研究業績，例えばアルタイ諸語の翻訳に関しては，現代でも，言

語学のみならず，東洋学の分野においても寄与していることに鑑みると，現代の言語学界や他の学界においても，彼の研究成果を今一度再検討する時期にきているのではないかと筆者は強く考えている。

では，次に，文字の採用を巡って，仮名文字論とローマ字論に関する主要な事項について，概観していきたい。

9.2.1 仮名文字論の潮流

明治 18（1885）年に，「かなのとも」「いろはくわい」「いろはぶんくわい」が次々と結成され，7月には，これらの会が大同団結した「かなのくわい」が組織されている。この「かなのくわい」の役員には，後にローマ字論に傾倒する大槻文彦，同じく，東京高等師範学校教授で，化学者の後藤牧太（1853～1930）も含まれている。そして，膳所藩出身であり，遵義堂で学んだ杉浦重剛（1855～1924）も参加している。杉浦は，化学者ではあるが，卓抜した言論人として，後の昭和天皇にも多大なる思想的影響を与えている。他にも，多くの著名な学者が参加したが，留意すべき事項として，『言海』の編者であり，国語学の重鎮大槻文彦が，この頃には，ローマ字よりも仮名文字を重視して，仮名文字の普及に大変な尽力をしていたことである。

さらに，注目すべき事項として，大正時代になり，カタカナ全盛の時代を迎えるまでは，仮名は，あくまで，ひらがなが主流となって活動が進められた。その後，カタカナを推進したのは，研究者ではなく，財界の関係者であった点はとりわけ留意しなければならないことであろう。カタカナを推進した会として，一般的に知られているのが，「カナモジカイ」であり，この前身となったのが，実業家山下芳太郎（1871～1923）の創設した「仮名文字協会」である。大正 11（1922）年に，機関誌『カナ　ノ　ヒカリ』が創刊され，

山下もカタカナタイプライターの実用性を強く唱えたが，翌年に他界している。しかしながら，山下のカタカナ重視の思想は継承され，この後，実業家の間で，カタカナ採用論が重要視されることになるのである。この会は，数多くの実業家が支持していたことで知られており，二代目伊藤忠兵衛（1886〜1973）も，カタカナの普及に尽力し，大正9（1920）年に，カナモジカイが創設された初期のメンバーの一人となった。カタカナタイプライターの実用性が，実業家にとって大変魅力的であった証左ともいえる好個の例とみなすことができよう。

9.2.2　ローマ字論の潮流

ローマ字論は，慶応2（1866）年に，前島密が，第15代将軍徳川慶喜（1837〜1913）に「漢字御廃止之儀」の建白書を上申したのを嚆矢と考えてよいであろう。駅逓頭として，今日の郵便制度を確立した先駆的存在であり，近代郵便制度の父であった前島は，現在では，1円切手の肖像画に描かれた人物として，その名が知られている。しかし，それは，前島が，たまたま駅逓頭の職に任じられたからであり，彼の関心は，あくまで国語国字問題にあった。一方，文字のみならず，日本語という言語自体の維持に疑念を抱いていた人物もみられた。初代文部大臣の森有礼（1847〜1889）である。明六社の一人であった森は，早くから欧化政策を進めようとして，終には，日本語を廃して，簡易英語を採用しようとする論まで唱えた。当初は，この簡易英語採用論は，歴史的仮名遣を堅持して，伝統文化を浸透させることを標榜した国学者から批判がでると思われていた。しかしながら，実際には，伝統を重んじる国学者ではなく，外国人研究者から批判をうけることになったのである。この人物こそ，F. de ソシュールや藤岡勝二にも多大なる思想的影響を与えたイェール大学教授 W. D. ホイットニー（William Dwight

Whitney 1827～1894）であり，彼に諭され，森の計画は頓挫することになる。これ以降，文字論に対する関心は依然根強く残ったものの，言語そのものを変えようとする動きは，ほとんどみられなくなった。志賀直哉（1883～1971）が『改造』に「フランス語採用論」を寄稿し，当時の人々に大きなインパクトを与えたが，志賀は，その後，ローマ字論はおろか，国語国字問題に関する持論を展開することもなく，国語国字問題に関する理論を構築することもなかった。この場合は，小説の神様と称された文豪志賀が発言したために話題になったに過ぎないとみなしてよいであろう。この点では，憲政の神様と称された政治家尾崎咢堂（行雄）（1858～1954）の英語採用論も同様である。ただし，たとえ一時ではあっても，当時の著名な作家や政治家が，日本語を別の言語に変える思想を有したこと自体，看過できない重要な事項として取り上げておく必要はあるだろう。時代が西洋化の波に押し寄せられ，文字をはじめとする西洋への茫漠たる憧憬がそうさせたとしかいいようがないと考えられる。鈴木（1987）が指摘した，志賀や尾崎の意見も傾聴すべき価値はあるが，果して，彼らが，どの程度まで，国語国字問題の思想が現実化することを想定していたのか疑念を抱かざるを得ない。

　では，次にローマ字化国語国字問題の重要な事項を時系列でみていきたい。明治2（1869）年5月に，大学頭山内容堂（1827～1872）に対して，南部義籌（1840～1917）が「修国語論」を提出して，ローマ字採用論を唱えている。明治7（1874）年には，西周が『明六雑誌』の創刊号に，「洋字ヲ以テ国語ヲ書スルノ論」を寄稿して，文字の改良を唱え，とりわけローマ字の重要性を強調している。この後，ローマ字採用論者たちが，明治18（1885）年に，「羅馬字会」を設立する。主要メンバーには，社会学者外山正一（1848～1900），植物学者矢田部良吉（1851～1899），物理学者山川健次郎（1854～1931）等，当時の錚々たる知識人たちが参加している。外

山正一,矢田部良吉は,哲学者井上哲次郎等とともに,『新体詩抄』の編者としてもよく知られている。また,本会の機関誌『Rōmaji Zassi』は,会が結成された年の6月に創刊されており,本雑誌が,ローマ字に関する本格的な雑誌の先駆的存在になったといえる。ここで,特筆したい事項は,現在のあらゆる学会の会員数に鑑みるとすぐに気づくが,「羅馬字会」が,当時,7000人という膨大な会員数を擁していたことである。ローマ字に対する関心の深さが窺えると同時に,ローマ字表記が何故これほどまでに,当時の第一級の知識人を魅了したのか,現代の知識人の文字表記に対する思想と比すると分かるが,明治の国語国字運動は,実にふしぎな社会的現象であったといえる。

　明治33(1900)年には,本格的に文部省がローマ字化運動を推し進め,羅馬字表記調査委員11名を任じることになる。国語学の関係では,上田万年,藤岡勝二,他の領域では哲学者大西 祝(1864～1900),数学及び天文学者の蘆野敬三郎(1866～1941),サンスクリット学の高楠順次郎を含め,西洋史学者磯田良(1867～1924),英学者神田乃武(1857～1923),教育学者小西信八(1854～1938),文部官僚であり教育者の金子銓太郎(1865～1937),住友総領事であり貴族院議員を歴任した湯川寛吉(1868～1931),そして,先ほども既述した渡部董之介の11名で構成された。明治38(1905)年12月になると,日本式ローマ字を提唱した田中舘愛橘とヘボン式ローマ字を支持する藤岡勝二が大同団結して,ローマ字論はますます勢いを増すことになる。明治39(1906)年に,藤岡勝二は,『ローマ字手引き』(新公論社)を刊行して,何度も改訂を繰り返していく。計13回の改訂を進めながら,次第に,本書は,ローマ字教育のバイブル的存在となっていくのである。当時の「ローマ字ひろめ会」の会頭には元老西園寺公望(1849～1940)が就任して,会の精神的支柱たる存在となった。同年9月には,藤岡

勝二が中心となり，『明治三十八年二月仮名遣改定案ニ対スル世論調査報告』が刊行される。柿木（2013）では，この報告書について詳細な分析を試みたが，ここで，注目すべき藤岡勝二の研究成果として，「棒引仮名遣い」に関する様々な識者の意見を集約した調査を挙げることができるであろう。この調査項目で注目したい事項は，急進的な表音主義者とみられていた上田万年と国語調査委員会委員に就任した芳賀矢一（1867〜1927）が，表音文字の象徴といえる「棒引仮名遣い」に対して，積極的に賛同することなく，「主義賛成，修正ヲ要ス，尚研究スベシ」を支持する派に分類されていたことである。急進的ローマ字派とみなされていた上田万年が，ローマ字国字論に共鳴しながらも，この時点では，表音主義に慎重であったことを，こうした状況からも窺知できるのである。このような影響が，明治41（1908）年に臨時仮名遣調査委員会においてもみられる。表音主義派の大槻文彦や芳賀矢一が歴史的仮名遣を支持した森林太郎（鷗外）（1862〜1922）の意見に圧され，5回の会議の後，「棒引仮名遣い」は終に消失することになる。この問題に関して，筆者は，これまで様々な言語外的アプローチを試みてきたが，今後も『臨時仮名遣調査委員会議事速記録』のさらなる検討が必要になると考えている。前年の明治40（1907）年1月8日には，第一回綴方研究会が開催され，委員として，言語学者藤岡勝二，サンスクリット学者高楠順次郎，英語学及び宗教学者の平井金三（1859〜1916），物理学者田中舘愛橘，田丸卓郎，上田万年などが出席した。まさに，当時のローマ字化運動の理論と実践に尽力した学者たちであった。この研究会において，委員長に上田万年が選ばれ，ローマ字の呼び方と綴り方に関する材料を集めることが決定された。この材料はすべて，藤岡勝二に委ねられ，この点からもいかに藤岡がローマ字化運動の理論と実践において，他の研究者たちの信任を得ていたかを窺うことができる。こうして，明治41（1908）

年5月22日に,「ローマ字ひろめ会」の会議において,ヘボン式ローマ字が正式な会の表記法として認められるのである。しかしながら,この会の決定に対して,田中舘愛橘が考案した日本式ローマ字表記法を支持する田丸卓郎は異議を唱え,会に抗議文を提出することになり,この頃から,ヘボン式と日本式は徐々に袂を分かつようになる。ちなみに,この騒動以降の話になるが,大正10（1921）年には,田中舘愛橘をはじめとする日本式ローマ字論者が「日本ローマ字会」を創設している。「日本ローマ字会」が京都を拠点として活動を続けていたのに対して,袂を分かった「日本のローマ字社」は,東京を中心に訓令式を推奨して国字の普及に努めた。各々の中心的人物として挙げられるのは,「日本ローマ字会」が民族学の泰斗梅棹忠夫（1920〜2010）であり,「日本のローマ字社」が東京大学教授を務めた言語学者柴田武（1918〜2007）である。

9.2.3　言語学的観点からみた仮名文字論とローマ字論について

　既述したように,当時,漢字廃止論を前提として,仮名文字論やローマ字論が隆盛であった背景には,この時代の社会的状況が大きく関わっていたと考えられる。勿論,このような動向に敢然と反対する仏教哲学者井上円了(いのうええんりょう)（1858〜1919）の「漢字不可廃止論」や三宅雄二郎（雪嶺）の「漢字尊重論」等の説もみられ,識者の間でも,ごく少数であったが,漢字廃止に対して再考を促す動向もみられた。しかしながら,当時の政府の方針の主眼は,紛れもなく,漢字廃止を前提にして,ローマ字と仮名文字の得失を調査することにあった。では,社会的背景は別にして,言語学的にみれば,どちらがより日本語を表記するのに適しているのであろうか。本項では,この点について詳しくみていきたい。

　まず,仮名文字に関していえば,日本語の仮名の一字分が,基本的に1モーラ（mora）に対応する言語であることを考えると,言

語学的観点からみれば，平仮名，カタカナに関わらず，日本語の音節構造に鑑みると，仮名文字が最も相応しい文字体系とみなすことができる。また，日本語の基本的な音節構造のパターンは，V, CV, C_1VC_2（C_2 = /N/）で構成されている。ただし，撥音については，後になって日本語に借用された音声であり，「いろは歌」「天地の詞」にも記されていない。また，日本語の V の前に声門閉鎖音（glottal stop）が存在していることを認めれば，仮名文字一字が CV であると単純に捉えることもできる。ちなみに，漢字についていえば，日本語は，いち早く中国から漢語を導入しており，呉音，漢音，唐音等を使い分け，独自の漢字文化圏を形成した文字体系を有していた。そして，社会言語学的にいえば，概ね中古の時代から漢字を媒介とした漢語は，プレステージを有するようになったのである。現代日本語が漢字仮名混じり文を依然として用いている理由には，こうした言語外的要因が複雑に絡んでいると考えられる。

　一方，音素文字であるローマ字は，日本語のオトを最も反映できる文字とみなすことができる。宮沢賢治（1896〜1933）や石川啄木（1886〜1912），そして，国語審議会会長で歌人土岐善麿（1885〜1980）がローマ字を多用したのも，人間の本源的な音感覚を喚起するためには，このような特性を有する音素文字であるローマ字が最も適しているとみなしたからであろう。同時に，ローマ字を推奨する学者には，エスペランチストが多いことも忘れてはならない。ローマ字とエスペラントが連動する背景には，ヨーロッパの諸言語を基にしたエスペラントとヨーロッパの言語のイメージから喚起される西洋に対する憧憬が日本人の心層に深く潜んでいるからかもしれない。民俗学者柳田国男も日本全国の方言を調査すると同時に，熱心なエスペランチストとして知られている。ここで特筆したい事項は，当時は，国語調査委員会が中心となって，大規模な方言の全国調査が実行されたことである。ここでは，一例として，滋賀県に

おける方言調査を取りあげることにしたい。滋賀県の方言調査に関しては、様々な精緻な方法論によるアプローチが行われてきたが、未だその方言の全貌については、明らかにされてはいない。大田（1932）が編者となった『滋賀縣方言集』は、現代の方法論からみれば些か稚拙と思えるかもしれないが、当時としては、滋賀県の方言の全容を解明しようとした価値ある著書といえよう。また、筆者が、上掲書において最も注視したのは、本書の末尾に、言語学者新村出の前に、藤岡勝二の名が記されていたことである。藤岡と新村は、ともに東京帝国大学文科大学博言語学科の出身であり、上田万年門下の俊英であり、特待生であった。藤岡が2学年上にあたり、後に、上田万年が築いた東京帝国大学文科大学言語学科を継承し、新村は、初代の京都帝国大学の言語学科教授として赴任する。藤岡の方言に対する考え方であるが、上田と同様、標準語の制定を支持しながらも、方言の存在を否定することなく、方言を貴重な文化的遺産として、棄てるものではないと当時から述べていた。藤岡の音声中心主義に関わる思想の淵源が、このような方言集の中でも、窺えることができ、柿木（2017b）でも指摘したように、ローマ字ひろめ会のバイブル『ローマ字手引き』には、関西方言まで取り入れられている。これは、藤岡が元々、京都出身であったことと無縁ではないであろう。

　ここで、上掲書の発刊趣旨の最初の行を記しておきたい。次の文にみられるように、言語変化が社会や民族とは別種として捉えることができないことに言及しており、方言調査の重要性を論じていることに注目したい。

　　言語の發達と變遷のうちに、その民族生活は反映するものである。

以下は，末尾の年月と編者の名前であり，特に，藤岡勝二，新村出，柳田国男の三名が連記されていることは，特筆すべきことといえるであろう。

　昭和五年六月

藤岡勝二
新村出
柳田国男

　京都帝国大学教授新村出は，藤岡勝二の東京帝国大学博言学科の後輩になるとはいえ，現在も『広辞苑』の編者として，その名が広く知られている。また，方言周圏論を唱えた民俗学の泰斗柳田も，民間人であったとはいえ，民俗学の父と称されるほど，数多の著書を刊行していた。しかしながら，ここでは，二人の碩学よりも，藤岡勝二の名前のほうが先に掲げられていることに，留意しなければならないであろう。先述したように，藤岡は，方言の学問的価値を認めていたが，その理由は，彼自身が，標準語の選定の基準となった「教育のある東京に住む中流社会の人の話すことば」が，自らの母語ではなかったからである。藤岡自身が，明治維新以降，政治の中枢ではなくなった京都出身であり，東京帝国大学文科大学博言学科に入学する22歳まで，独特のアクセントや語彙を有する古都京都に住んでいたことと関連性があると考えられる。

　なお，このような方言調査が実施された背景には，次に掲げる国語調査委員会の方針を実行するために行われたとみなすことができる。そして，藤岡勝二が，こうした各地の方言集の中心的役割を果していたことは，上記の『滋賀縣方言集』からも窺うことができるのである。

四　方言ヲ調査シテ標準語ヲ選定スルコト

9.3　藤岡勝二著『國語研究法』におけるローマ字に関する言説

　上述してきたように，藤岡は，国語国字問題におけるローマ字化運動，とりわけヘボン式ローマ字の理論と実践に大変な尽力をしていた。そして，言語教育にヘボン式ローマ字を導入しようと考えていたのである。一方，東京大学国語研究室を設立した師の上田万年は，どのような思想を有していたのか，イ（1996）は，膨大な資料を駆使して，保科孝一の思想を詳らかにしたが，師の上田の思想については，次のようなことを述べている。

　なお，本文は，イ（1996）p 46 より引用した。

　　　こうして上田は，ヨーロッパからもちかえった近代言語学を
　　　武器にして，決然たるローマ字論者として「国語改革」にふみ
　　　だしていくことになる。

　既述したように，藤岡が当時の識者の意見を集約した『明治三十八年二月仮名遣改定案ニ対スル世論調査報告』を考察する限りでは，上田が，表音主義の象徴ともいえる「棒引仮名遣い」に対して，将来的には賛成だが，現段階では時期尚早としていたことが判明している。この時点では，国語の泰斗であり，藤岡の師でもあった上田が，徹底的な表音主義者ではなく，現実的に，ローマ字を導入することは難しいと考えていたことが分かる。イ（1996）が述べたように，上田が決然たるローマ字論者として「国語政策」にふみだしていったのは紛れもなく事実であるが，この頃には，まだ上田のローマ字論には迷いがみられるのである。

　以下は，藤岡勝二（1907）の注目すべき言説であり，ここで掲げ

ておきたい。項目は,標準語,仮名文字とローマ字の共通点,そして,本章で最も重要な項目である国語におけるローマ字教育の理論と実践についてである。以下,順にみていくことにするが,言説に関しては,この章については,当時の社会的背景を勘案して,あえて旧字体のままにした。

9.3.1 標準語について

まず,藤岡(1907)は,国語調査委員会の重要項目の一つである標準語について,以下のように述べている。理想的な藤岡の標準語に対する思想は,師の上田が提示した彫琢された標準語であることに何ら変わりはない。しかしながら,藤岡が特にこだわった点は,標準となる言語には,一国の文学を表現するに値する必要性があると説いたことといえよう。

なお,本文は,藤岡(1907)p 157 より引用した。

> たゞ教育の爲のみならず,一國の文學を起す上に於ても必ず其偉大なものは一定の標準によった言語によらねばならぬ。

9.3.2 仮名文字とローマ字の共通点

上述してきたように,国語調査委員会が提示した方針は,漢字廃止が前提になっており,ローマ字か仮名文字の得失を調査することにあった。ただし,この二つの文字は,音節文字と音素文字という違いはあれど,いずれも表記上は,頗る簡便であるという共通した特徴を有していた。

この点に関して,藤岡(1907)は,次のように述べている。なお,以下の言説の傍点は,藤岡自らが強調するために施した箇所であり,そのまま記した。本文は,藤岡(1907)p 165 より引用した。

ローマ字は一音節を示す字ではなくて，一音を示す文字である。一音文字である。音節文字をもう一度分析して其成分にわけた。其一つ一つの成分の對する文字である。そこでローマ字でかくときには，支那語の一字一語も多分は數個の字を要することになり，日本假名で表はした一語をかきかへるにも，一字ですまない場合が多い。この點に於て三の者各ちがってゐる。然しながら音字たることに於てはローマ字は假名に同じい。

9.3.3　ローマ字教育の理論と実践－専門教育と普通教育－

　藤岡の思想として注目すべき事項は，ローマ字国字論を実現するためには，ローマ字教育が必要となるということである。これに関して，藤岡は，単なるローマ字論に留まらず，次のように，ローマ字教育は，専門教育と普通教育に分離すべきであると喝破している。

　なお，本文は，藤岡（1907）p 190 より引用した。

　　むづかしい文字を習ふといふ多大の勞は普通國民教育の上に除かれて，それが専門教育の方にうつるのである。こゝに於てか，學者が實業に向はんとするものまでを自分の型にはめこもうとする弊もなくなり，實業家はますゝゝ其本領に充分力を盡すことが出來るに至るのである。

　さらに，藤岡は，専門教育と普通教育を分離するという理論的側面を唱えた後，次頁において，今度は，実践を重要視する論を展開している。ここにおいても，藤岡勝二の国語国字問題に対する思想，すなわち，ローマ字化運動の理論と実践は両輪であり，どちらも欠くべからざるものであるという論を窺うことができるのである。

まづ着手するに越したことはない。其上では案外心配なくゆくことは疑ひない。

　1900年代の国語教育の最も重要な課題は，ローマ字教育であったにも関わらず，現代に至るまで，この事実に関する精緻な研究が充分に行われてこなかった。本章においては，藤岡勝二を主軸においたため，充分なデータや当時の他の思想家たちの言説を比較検討できなかった箇所もみられる。この点については，柿木（2013）をぜひ参考にして頂きたい。前掲書や，柿木（2017 b）では，国語教育に対する当時の人々の認識が，今日では考えられないほど国家的規模の政策であったことを窺うことができた。国語調査会から端を発して，国語調査委員会（1902～1913），臨時国語調査会（1921～1934），国語審議会（1934～2001），そして，現在の文化庁国語分科会までの変遷を顧みると，当時の国語問題とは，国語学者，言語学者だけの問題ではなく，あらゆる分野の研究者たちが携わっていた。さらに，時の権力の中枢にいた政治家，ジャーナリストも参加した国家の重要な審議事項であり，また，そこには政治的イデオロギーが色濃く関与していたのである。本書では，ローマ字論におけるイデオロギーの箇所に頁を割いたこともあり，具体的な国語教育におけるローマ字教育の実態に詳細に触れることができなかったが，この点については，柿木（2017 b）に譲ることにしたい。なお，本章は，2016年2月に刊行された「1900年前後における近代「国語」の成立と国語教育の状況について」『滋賀短期大学研究紀要』第41号を大幅に加筆，修正したことを付記しておきたい。

〈問題〉
1．小学校令により，1900（明治33）年に「国語」という教科目

が統一されるが,「国語」や「日本語」以外に,当時,どのような語が使われたことがあるのか,調べなさい。

2. かつて,日本において,漢字廃止論が唱えられ,明治35 (1902) 年には,時の官制の国語調査委員会が,漢字廃止を前提にして,ローマ字,かな文字のどちらを採用するほうが得策であるのか,検討した。他にも,新国字論という国語国字運動も唱えられたことがあった。当時の時代的背景を十分に調査した後,漢字,ひらがな,カタカナ,ローマ字の各々の長所と短所を述べ,なぜ,この時代に国語国字問題がさかんであったのか,あなた自身の考えを論じなさい。

3. 明治期以降,日本においてローマ字化運動がさかんに行われ,色々な分野の研究者,政治家,ジャーナリスト等が,この国語国字運動に参加した。当時,なぜ人々は日本語をローマ字化することに積極的だったのか,いくつかの資料を用いて,あなた自身の考えを書きなさい。

註

1）ヘボンの表記は Hepburn と綴られるが，女優のヘップバーンもまったく同じ綴りが用いられる。同じ文字でありながら，日本語に借用されると，まったく別の文字として表記されることは，実に興味深い現象といえる。
2）この場合は，風「かぜ」という言葉が合成語になると，「かざ」となり，転音現象ををを起こしている。
3）日本語と琉球方言が，同系統であることは，次の音韻対応の例から分かる。

  日本語　　　琉球語
  hane　　　hani（羽）
  sake　　　saki（酒）
  yoru　　　yuru（夜）
  tori　　　tui　（鳥）

日本語	a	e	o
琉球語	a	i	u

図 17

4）干渉は，負の転移（transfer）と考えることもできるであろう。
5）本著の諸例については，築島（1964）を引用した。
6）寺村（1978）は，次の例を挙げ，日本語の「た」に完了の用法があると述べている。

　　この前の日曜日あの展覧会を見に行きましたか？（過去の「た」の場合）
　　－いいえ，行きませんでした。
　　あの展覧会もう見に行きましたか？（完了の「た」）
　　－＊いいえ，まだ行きませんでした。
　　－いいえ，まだ，行っていません。

7）「柔らかな規則」と「堅い規則」という文法規則については，小池（1994）が，詳しく論じている。
8）田中（1989）は，上田とガーベレンツの関係について次のようなことを述べている。

上田は，一八九〇年，欧州留学の第一歩をベルリン大学にしるしたが，そこにはシュタインタール，J. シュミットと並んでガーベレンツがいた。そしてかれの『言語学』は，その翌年に初版が現れたのだ。ガーベレンツは日本語のことをいろいろと上田にたずねたにちがいなく，ヒフミ倍加説も，上田の提供した知識に

165

もとづいていたにちがいない。当時上田は二十五歳, ガーベレンツは五十二歳だった。
9) なお, インド・ヨーロッパ語族には, 次の語派が含まれている。

表 3

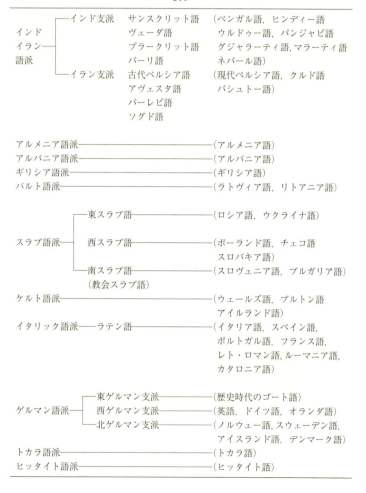

10) ソシュールは，当初，「静態言語学」と「進化言語学」という用語を使用していたが，『一般言語学講義』では，「共時言語学」と「通時言語学」という用語にかえている。
11) サピア・ウォーフの言語相対主義の仮説は，後の学者が名づけた名称であり，両者の共同研究で生まれた考えではない。この言語観は，どちらに重きを置くかで，言語が思考や文化を，どれほど規定するか違ってくる。

引用文献

有坂秀世（1932）「古事記に於けるモの仮名の用法について」『国語と国文学』第 9 巻第 11 号

Bernstein, B.（1964）"*Elaborated and Restricted Code : Their Social Origin*", in Gumperz, J. J. & Hymes, D.（eds.）. *The Ethnography of Communication*, Menasha, Wisconsin, pp. 55-69.

Bloomfield, L.（1933）*Language*. 三宅 鴻・日野資純訳 1962『言語』大修館書店

Brown, R. & Gilman, A.（1960）The Pronouns of Power and Solidarity. In T. A. Sebeok, ed. *Style in language*. Cambridge, Mass : MIT Press, pp. 253-276.

Chomsky, N.（1957）*Syntactic Structures*. 勇康雄訳 1963『文法の構造』研究社

＿＿＿＿＿＿（1965）*Aspects of the Theory of Syntax*. 安井稔訳 1970『文法理論の諸相』研究社

Comrie, B（1988）*Aspects*. 山田小枝訳 I『アスペクト』むぎ書房

Coseriu, E.（1958）*Sincronia, diacronia e historia*. 田中克彦・かめいたかし訳 1981『うつりゆくこそことばなれ』クロノス

Crystal, D.（1969）*What is linguistics*? Arnold, 2nd ed. 竹中治郎・牧野高吉 編注 1970 篠崎書林

土井忠生・森田 武・長南 実 編訳（1980）『日葡辞書』岩波書店

Fishman, J.（1972）*The Sociology of Language*. Newbury House. 湯川恭敏訳 1974『言語社会学入門』大修館書店

藤岡勝二（1907）『國語研究法』三省堂

藤岡勝二（1908）「日本語の位置」『國學院雑誌』第 14 巻第 8 号

Greenberg, J. H.（ed.）（1978）*Universals of Human Language*, Vol. 3 : Word Structure. Stanford Univ. Press.

橋本進吉（1917）「国語仮名遣研究史上の一発見－石塚龍麿の仮名遣奥山路について－」『帝國文學』第 23 巻第 11 号

＿＿＿＿＿＿（1931）「上代の文献に存する特殊の仮名遣いと当時の語法」『国語と国文学』東京大学国語国文学会（『橋本進吉博士著作集』第 3 巻 岩波書店 1949 所収）

＿＿＿＿＿＿（1934）『国語法要説』明治書院

橋本　勝．E．プレブジャブ（1996）『モンゴル文語入門』大阪外国語大学

服部四郎（1957）「アイヌ語の研究について」『心の花』700号

＿＿＿＿＿＿（1959）『日本語の系統』岩波書店

Holmes, J.（1992）*An Introduction to Sociolinguistics*. New York : Longman

Hudson, R. A.（1980）*Sociolinguistics*. Cambridge University Press．松山幹秀・生田少子訳 1988『社会言語学』未来社

井出祥子・荻野綱男・川崎晶子・生田少子（1988）『日本人とアメリカ人の敬語行動』南雲堂

池上禎造（1932）「古事記に於ける仮名「毛・母」に就いて」『国語国文』第 2 巻第 10 号

伊藤克敏・牧内　勝・本名伸行（1986）『ことばと人間 − 新しい言語学への試み − 』三省堂

イ・ヨンスク（1996）『「国語」という思想 − 近代日本の言語認識』岩波書店

柿木重宜（2000）「日本語とアルタイ諸語の類縁性について − とりわけ日本語の［i］の再構を巡って − 」『滋賀女子短期大学研究紀要』第 25 号，pp. 127-137.

＿＿＿＿＿＿（2012a）「国語調査委員会と藤岡勝二の国語観」『滋賀短期大学研究紀要』第 37 号

＿＿＿＿＿＿（2013）『近代「国語」の成立における藤岡勝二の果した役割について』ナカニシヤ出版

＿＿＿＿＿＿（2016）「1900 年前後における近代「国語」の成立と国語教育の状況について」『滋賀短期大学研究紀要』第 41 号

＿＿＿＿＿＿（2017a）『日本語学トレーニング 100 題』ナカニシヤ出版

＿＿＿＿＿＿（2017b）『日本における近代「言語学」成立事情Ⅰ − 藤岡勝二の言語思想を中心として − 』ナカニシヤ出版

金沢庄三郎（1929）『日朝同祖論』刀江書院

風間喜代三（1978）『言語学の誕生 − 比較言語学小史 − 』岩波新書

金田一春彦（1988）『日本語』岩波新書

小池清治（1994）『日本語はどんな言語か』ちくま新書

小泉　保（1984）『言語学コース』大修館書店

松本克巳（1984）「言語史の再建と言語普遍」『言語研究』86 日本言語学会

南不二男（1987）『敬語』岩波書店

村山七郎（1962）「日本語及び高句麗語の数詞 − 日本語系統の問題に寄せて − 」『国語学』48 集

村山七郎・大林太良共著（1973）『日本語の起源』弘文堂

村山七郎（1992）『アイヌ語の起源』三一書房

中村　元・紀野一義（1960）『般若心経　金剛般若経』岩波書店

夏目漱石（1910）『門』講談社文庫

西田龍雄（1976）「日本語の系統を求めて－日本語とチベット語・ビルマ語－」『言語』5巻6-8号

_____（編）（1986）『言語学を学ぶ人のために』世界思想社

大野　晋（1978）『日本語をさかのぼる』岩波新書

_____（1994）『日本語の起源　新版』岩波新書

_____（1999）『日本語練習帳』岩波新書

大田榮太郎（編）（1932）『滋賀縣方言集』刀江書院

Paul, H.（1880）*Prinzipien der Sprachgeschichte*. 福本喜之助訳1965『言語史原理』講談社

Perrot, J.（1971）*La Linguistique, collection*（*Que sais je?*）. Neuvième Edition, Paris. 高塚洋太郎・内海利朗・滝沢隆幸・矢島猷三　訳『言語学』1972白水社

真田信治・渋谷勝巳・陣内正敬・杉戸清樹（1992）『社会言語学』桜楓社

Sapir, E.（1921）*Language*. 泉井久之助　訳1957『言語』紀伊国屋書店

_____（1925）"Sound patterns in Language." In *Language 1*. 木坂千秋　訳1957『英語音韻論』研究社

Saussure, F. de.（1916）*Cours de linguistique générale*. 小林英夫　訳1972『一般言語学講義』岩波書店

Schmidt, I. J.（1831）*Grammatik der Mongolichen Sprache.* St. -Petersburg.

杉本つとむ・岩淵匡（編）（1990）『日本語学辞典』桜楓社

杉之原寿一・真田是（編）（1978）『社会学と現代社会』文理閣

鈴木孝夫（1987）『ことばの社会学』新潮社

玉村文郎（編）（1992）『日本語学を学ぶ人のために』世界思想社

田中春美（1982）『言語学演習』大修館書店

田中克彦（1989）『国家語をこえて』筑摩書房

_____（1993）『言語学とは何か』岩波新書

寺村秀夫（1978）『日本語の文法　上』（日本語教育指導参考書）（国立国語研究所）

時枝誠記（1941）『国語学原論』岩波書店

徳川宗賢（1979）『日本の方言地図』中公新書

徳川宗賢・真田信治（編）（1991）『新・方言学を学ぶ人のために』世界思想社

Trubetzkoy, N. S.（1939）*Grundzüge der Phonologie, Travaux du Cercle Linguistique de Prague 7*, Prague. 長嶋善郎　訳1980『音韻論の原理』岩波書店

Trudgill, P. (1974) *Sociolinguistics : An Introduction*. Harmondsworth : Penguin. 土田　滋　訳 1975『言語と社会』岩波書店

築島　裕 (1964)『国語学』東京大学出版会

角田太作 (1991)『世界の言語と日本語』くろしお出版

上田万年 (1903)「p音考」『国語のために（二）』冨山房

Warner, W. L. (1966) *Yankee City*. Yale Univercity.

山田孝雄 (1936)『日本文法学概論』宝文館

柳田国男 (1927)「蝸牛考」『人類学雑誌』42巻4-7号　日本人類学会

安田徳太郎 (1955)『万葉集の謎』光文社

安本美典・本多正久 (1978)『日本語の誕生』大修館書店

事項索引

ア

アスペクト　51
天地の詞　10-12
異音（allophone）　2, 3, 115
位格（dative case）　116
位相語　40, 88
忌詞　45
いろは歌　10-12
因子分析法　119, 139
イントネーション（抑揚）　16
インド・ヨーロッパ語族（Indo-European language family）　35, 37, 59, 60, 105, 110, 115, 118, 119, 122, 125
演繹主義　49, 79, 135, 138, 140
音位転換（metathesis）　29, 30
音韻対応（sound correspondence）　28, 107, 122, 124, 139
音韻添加　25, 26, 39
音韻論（phonology）　2
音響音声学（acoustic phonetics）　2
音声学（phonetics）　2
音素（phoneme）　2, 3, 39, 103, 131

カ

会意文字　66
開音節言語　26, 33, 35, 36, 71, 73, 112
外来語　28, 32, 39, 40, 112
仮借文字　39, 67
過剰修正（hyper correction）　90, 92
駆流（drift）　95
かなのくわい　151
カナモジカイ　151
仮名文字協会　151
漢音　30, 31
漢語　28, 30-32, 40, 112
漢字廃止論　144
干渉（interference）　32, 33, 35, 117
記述言語学（descriptive linguistics）　93, 131, 140, 141
帰納主義　49, 57, 79, 102, 114, 132, 135, 137, 138, 141
逆行同化（regressive assimilation）　5
共時言語学（linguistique synchronique）　127, 129
共時態（synchronic）　128
強弱アクセント（stress accent）　15
屈折語（inflectional language）　54, 55, 56, 59, 60
訓令式ローマ字　6, 7, 12
経験主義　132, 138
形声文字　67
形態素（morpheme）　40, 54, 55, 61, 103
系統樹説（Stammbaumtheorie）　56
系統論　106, 108, 119, 139
言語運用（performance）　129, 135
言語獲得装置（LAD）　101, 136, 141
言語過程説　49, 134
言語社会学（the sociology of language）　79-83, 85

173

言語使用能力　138
言語相対主義　136
言語伝達能力　138
言語道具説　49, 134
言語能力（competence）　129, 135, 138
構造（structure）　130, 131
構造（主義）言語学（structural linguistics）　2, 49, 57, 79, 130, 132, 135, 137, 138, 141
膠着語（agglutinative language）　54, 55, 116, 117
高低アクセント（pitch accent）　15
行動主義　138
呉音　30, 31
国語審議会　163
国語調査委員会　144
国語調査会　145
五十音図　10
固定アクセント（fixed accent）　15
異なり語数　28
孤立語（isolating language）　54, 55
混種語　28, 38, 40, 112
コンピュータ言語学（computational linguistics）　80, 81

サ

再建（reconstruction）　12, 105, 124, 139
詞　49, 50
辞　49
恣意性（arbitrariness）　128
指事文字　66
社会言語学（sociolinguistics）　22, 40, 45, 79-85, 90, 93, 134, 137, 138, 140-142

社会方言（社会的変種）　40, 85, 88
自由形態素（free morpheme）　61
主格（nominative case）　116
熟字訓　39
象形文字　65
所記（signifié）　128, 129
神代文字　63
心理言語学（psycholinguistics）　80, 81, 142
数理言語学（mathematical linguistics）　80
スクリプト（script）　141
性（gender）　58, 115, 119
性差　42, 85, 88
生産性（productivity）　102
青年文法学派（Junggrammatiker）　125, 126, 134
声門閉鎖音　157
先験的　57, 138
専門教育　162
相補的分布（complementary distribution）　2, 3
促音　34
束縛形態素（bound morpheme）　61

タ

対格（accusative case）　116
対照言語学（contrastive linguistics）　35, 36, 122
奪格（ablative case）　117
単純借用　32
地域方言（地域的変種）　40, 85, 88
調音音声学（articulatory phonetics）　2
長音符　34
聴覚音声学（auditory phonetics）　2

超分節的音素（suprasegmental phoneme） 16
通時言語学（linguistique diachronique） 128, 129
通時態（diachronic） 128
哲学的言語学（philosophical linguistics） 80
転注文字 67
唐音 30, 31
同化（assimilation） 5

ナ
喃語 43, 99
二重分節（double articulation） 103
日本語系統論 150
女房詞 43, 44
認知言語学（congnitive linguistics） 141, 142
認知主義 138
能記（signifiant） 128, 129
延べ語数 28

ハ
ハ行転呼音 69, 70
撥音 34, 112
波紋説（Wellentheorie） 56
パロール（parole） 79, 128–131, 133, 137
半母音 13
分節性（articulateness） 103
比較言語学（comparative linguistics） 28, 93, 107, 110, 119, 122, 124
比較方言学 86
普通教育 162
普遍文法（universal grammar） 137, 140
プロミネンス（卓立） 17
文化庁国語分科会 163
閉音節言語 72, 73, 112
ヘボン式ローマ字 6–8
変形生成文法（transformational generative grammar） 56, 79, 135
母音交替（ablaut） 3, 27, 72–74, 96
母音調和（vowel harmony） 113, 114, 115
方言区画論 86
方言周圏論 22, 86
抱合語（incorporating language） 58
翻訳借用 31, 32

マ
マクロ社会言語学（macrosociolinguistics） 79, 80
ミクロ社会言語学（microsociolinguistics） 79
武者詞 43, 44
モーラ 34, 38, 112, 156
モダリティ 51

ヤ
遊女詞 44
拗音 34, 112
幼児ことば 43
与格（locative case） 116
四つ仮名 70

ラ
ラ抜き言葉 94–97
ランガージュ（langage） 128, 129
ラング（langue） 128–131, 133

175

六書　65
臨界期（critical period）　101
臨時国語調査会　163
類型論　54, 58, 60, 108, 119
類推（analogy）　96, 127
連声　24, 25

連濁　19, 20, 22, 23
ローマ字化教育　143
ローマ字ひろめ会　144

ワ
和語　28, 29, 31, 32, 38, 39, 40, 112

人名索引

[A]
蘆野敬三郎　154
有坂秀世　113, 114

[B]
Bally, Ch.　127, 132
盤珪永琢　76
Bernstein, B.　82
Bloomfield, L.　v, 114, 135
Bopp, F.　123
Braune, W.　127
Brown, R. & Gilman, A.　88
Brugmann, K.　126, 127

[C]
Castrén, M. A.　111
Chamberlain, B. H.　126, 134, 148
Chomsky, N.　49, 56, 79, 80, 83, 101, 102, 129, 135, 137, 140
Comrie, B.　51, 52
Crystal, D.　80, 81
Curtius, G.　126

[D]
Darwin, Ch. R.　56, 126

[F]
Finck, F. N.　133
Fishman, J.　85
藤岡勝二　i, ii, 105, 111, 113, 119, 143-146, 149, 150, 152, 154, 155, 158-163
富士谷成章　50
藤原　明　109

[G]
Gabelentz, G.　71, 126, 165, 166
江　実　109
後藤牧太　151
Greenberg, J. H.　52
Grimm, J.　93, 123

[H]
芳賀矢一　155
橋本進吉　47, 49, 65, 113, 114, 134, 135, 148
服部四郎　106-108, 139
Harris, Z. S,　56
Hepburn, J. C.　6, 9
平井金三　106, 155
平田篤胤　63, 64
Hjelmslev, L.　132
Hockett, C.　102
Holmes, J.　42, 85
保科孝一　146, 160
Hudson, R. A.　80
Humboldt, W. von　55, 58, 122

[I]
池上禎造　113, 114

177

井上円了　156
井上哲次郎　146, 154
井上　靖　113
石塚龍麿　114
石川啄木　157
磯田　良　154
伊藤忠兵衛　152
泉井久之助　109, 111, 139

[J]

Jakobson, R.　132
Jones, S. W.　121-123

[K]

金沢庄三郎　106
神田乃武　154
金子銓太郎　154
嘉納治五郎　146
Karcevskij, S.　132
加藤弘之　145-147
金田一春彦　86
金田一京助　107, 109, 150
木村正辞　146
Klaproth, J. H.　111, 122
小林英夫　49, 128, 129, 134
小西信八　154
弘法大師　11
河野六郎　106
許　慎　65

[L]

Labov, W.　82, 90-93
Lenneberg, E.　101
Leskien, A.　126
Lévi-Strauss, C.　132, 133

[M]

前島　密　145, 152
Martinet, A.　103
松本克已　115
Mathesius, V.　132
三上参次　146
三宅雄二郎　145, 156
宮沢賢治　157
本居春庭　50
本居宣長　50, 114
森　有礼　152, 153
森林太郎（鴎外）　155
村山七郎　106, 108, 109

[N]

那珂通世　145
中村　元　75, 76
中村芝鶴　44
南部義籌　153
夏目漱石　33
Nietzshe, F. W.　8
西　周　31, 147, 153
西田龍雄　108

[O]

岡田正美　146
大西　祝　154
大野　晋　73, 97, 109
荻生徂徠　72
奥村栄実　114
小倉進平　106, 139
長田夏樹　106
大槻文彦　145, 149, 151, 155
小澤重男　109
尾崎咢堂　153

[P]

Paul, H.　v, 70, 127, 128
Perrot, J.　81, 82
Polivanov, D.　109
Poppe, N.　106

[R]

Rask, R.　123

[S]

西園寺公望　154
真田信治　84
Sapir, E.　58, 95, 136, 138, 167
澤柳政太郎　146
Saussure, F. de.　iii, v, 49, 79, 105, 127–130,
　　132–134, 136, 137, 140, 152, 167
Schlegel, A.　55
Schlegel, F. von　55, 122
Schleicher, A.　55–58, 125, 126
Schmidt, I. J.　116
Schmidt, J.　56, 165
Schuchardt, H.　125
Séchehayé, A.　127, 132
芝 烝　109
柴田　武　156
志賀直哉　153
重野安繹　146
島崎藤村　42
新村　出　109, 139, 146, 150, 158, 159
白鳥庫吉　109
Sievers, E.　71, 127
Skinner, B. F.　102
Steinthal, H.　127, 165
杉浦重剛　151

鈴木　朖　50, 148
鈴木孝夫　153

[T]

高楠順次郎　146, 150, 154, 155
田丸卓郎　149, 155, 156
田中館愛橘　6, 144, 149, 154–156
田中克彦　i, 165
時枝誠記　47, 49, 134, 135, 148
Thomsen, V.　123
東条　操　86
土岐善麿　157
徳川宗賢　87
徳川慶喜　152
徳富猪一郎　145
Trubetzkoy, N. S.　2, 132
Trudgill, P.　84, 89
辻直四郎　150
外山正一　153
築島　裕　110, 165
角田太作　53

[U]

上田万年　14, 23, 71, 126, 127, 134,
　　140, 145, 154, 155, 158, 160, 161,
　　165, 166
梅棹忠夫　156

[V]

Verner, K.　124

[W]

Warner, L. W.　92
渡部董之介　146, 154
Whitney, W. D.　152

179

[Y]

山田孝雄　47, 48, 146
山川健次郎　153
山下芳太郎　151, 152
山内容堂　153
柳田国男　22, 86, 157, 159
安田徳太郎　107

安本美典　139
矢田部良吉　153, 154
湯川寛吉　154
与謝野晶子　41

[Z]

世阿弥　77

著者紹介

柿木　重宜（かきぎ　しげたか）

博士（言語文化学）大阪大学

1965 年　　滋賀県に生まれる。
1994 年　　一橋大学大学院博士後期課程（社会言語学専攻）単位取得。

現　職　関西外国語大学外国語学部教授。
関西外国語大学大学院外国語学研究科言語文化専攻教授。
日本語語源研究会副会長。

著　書　『なぜ言葉は変わるのか－日本語学と言語学へのプロローグ－』（ナカニシヤ出版　2003）
『近代「国語」の成立における藤岡勝二の果した役割について』（ナカニシヤ出版　2013）
『日本語学トレーニング100題』（ナカニシヤ出版　2017）
『日本における近代「言語学」成立事情Ⅰ－藤岡勝二の言語思想を中心として－』（ナカニシヤ出版　2017）

論　文　「日本語系統論における言語類型学的アプローチの可能性（『語源研究』No. 20 2001），「絵になった感動詞」（『月刊　言語』No. 34 2005）他多数。

新・ふしぎな言葉の学
──日本語学と言語学の接点を求めて──

2018 年 12 月 31 日　　初版第 1 刷発行　　定価はカバーに表記してあります

著　者　柿木重宜
発行者　中西　良
発行所　ナカニシヤ出版

〒606-8161
京都市左京区一乗寺木ノ本町 15 番地
Telephone 075-723-0111
Facsimile 075-723-0095
郵便振替 01030-0-13128

印刷・製本＝協和印刷／装幀＝間奈美子
Printed in Japan.
Copyright © 2018 by S. Kakigi
ISBN 978-4-7795-1348-0 C0081

◎本書のコピー、スキャン、デジタル化等の無断複製は著作権法上での例外を除き禁じられています。本書を代行業者等の第三者に依頼してスキャンやデジタル化することは、たとえ個人や家庭内での利用であっても著作権法上認められておりません。